DES DIEUX ET DU MONDE

Par
SALLUSTE LE PHILOSOPHE

Traduction, introduction et notes
par Mario Meunier

Éditions Theurgia
www.theurgia.us

Éditeurs : Jean-Louis de Biasi - Patricia Bourin

Éditions Theurgia © 2019
2251 N. Rampart Blvd #133, Las Vegas, NV 89128, USA
secretary@theurgia.us
Fabriqué aux États-Unis
ISBN : 978-1-926451-23-7

Découvrez les autres publications de "Theurgia"
www.theurgia.us

SOMMAIRE

Introduction _____ 5

1. Des qualités de l'apprenti, et des notions communes ___23

2. Que Dieu est immuable, incréé, éternel, incorporel et non circonscrit dans un lieu_____27

3. Des mythes, qu'ils sont divins et pourquoi _____29

4. Des cinq espèces de mythes, et des exemples de chacun_35

5. De la Cause première _____47

6. Des dieux hypercosmiques et des dieux encosmiques____51

7. De la nature du monde et de son éternité _____59

8. De l'intelligence et de l'âme. Que l'âme est immortelle __65

9. De la Providence, du Destin et de la Fortune _____69

10. De la vertu et du vice _____79

11. Du judicieux et du vil gouvernement _____83

12. D'où viennent les maux, et que la nature du mal n'existe point _____87

13. Comment peut-on dire des choses éternelles qu'elles sont produites ? _____93

14. Comment les dieux étant immuables, sont dits s'irriter et se calmer ? _____97

15. Pourquoi honorons-nous les dieux qui n'ont besoin de rien ? _____101

16. Des sacrifices et des autres honneurs. Que les dieux n'en retirent aucun avantage, et que les hommes les offrent pour leur utilité_____105

17. Que le monde, de sa nature, est incorruptible _____109

18. D'où vient l'impiété, et que la Divinité ne saurait être lésée _____115

19. Pourquoi les coupables ne sont-ils pas tout aussitôt punis ? _____119

20. Des migrations des âmes, et comment les âmes sont dites passer dans des corps d'animaux _____123

21. Que les vertueux sont heureux dans cette vie et après la mort_____127

INTRODUCTION

« Petit livre tout d'or » et symbole philosophique d'une politique de renaissance païenne, le petit traité de Salluste, que l'on appelle Salluste le Philosophe pour le distinguer surtout de son homonyme Salluste, l'historien de la Guerre de Jugurtha, est un exposé sommaire des idées fondamentales et des principes généraux, qui servirent de base et d'armature à ce que l'on appelait, au temps de son écroulement, sous le règne agité de l'empereur Julien, et par opposition aux doctrines nouvelles que le Christianisme répandait alors sur tous les peuples rattachés à l'Empire : l'Hellénisme.

Réaction doctrinale et politique païenne, l'Hellénisme s'affirmait comme la conscience conservatrice et vivante d'un passé de gloire qui se sentait menacé. Estimant la civilisation grecque comme la mère par excellence de la plus haute forme de culture qui puisse donner à l'être humain la plénitude de toute sa perfection, il se manifestait par le culte intégral de cette tradition de raison, de piété, d'équilibre et de force qui avait fait la grandeur de la Grèce et de Rome. Profondément attaché au merveilleux prestige de ses grands siècles d'art, à la beauté sereine de leur littérature et à l'indépendance jalouse de leur esprit de recherche et de choix, l'Hellénisme ne voulait rien sacrifier de ce qui avait composé la noblesse et l'attrait de son antique héritage. Pour adapter les vertus du passé aux exigences d'un temps que tourmentait le souffle d'une rénovation, il fit entrer, par une savante interprétation allégorique, les dieux et les mythologies au service de l'exposition d'une doctrine, qu'il se plaisait à représenter comme la somme traditionnelle de toutes les doctrines philosophiques et religieuses, que l'esprit humain, conduit par la raison ou illuminé par une inspiration supérieure, avait, tout au long cours des siècles, élaborées. Ce ne fut plus, dès lors, selon l'idée stoïcienne, un système d'explication physique de l'origine et de la durée du monde que l'Hellénisme rechercha dans les mythes. Les fictions des poètes se subtilisèrent en une fumée d'encens métaphysique; les plus étranges devinrent les supports des secrets les plus inexprimables, et les plus sensuelles se changèrent en candides symboles de connaissance pure.

Ainsi, grâce aux Écoles d'Alexandrie et d'Athènes, le paganisme avec son Olympe, ses rites et ses cultes, se transposa sur le plan métaphysique et se réfugia sur des hauteurs que ne pouvait atteindre l'œil commun de la foule. Or, pendant que s'opérait cette sublimation, le Christianisme, en Orient surtout, multipliait le nombre de ses fervents adeptes. Pour sauver le passé, maintenir le présent et assurer à l'avenir la stabilité nécessaire au prolongement effectif des vertus ancestrales, les défenseurs des dieux et des traditions helléniques sentirent alors le besoin de préciser en un corps de doctrine leurs idées essentielles, d'en arrêter les principaux aspects et de les opposer, dogmes contre dogmes, aux doctrines nouvelles, qui se présentaient, depuis surtout les Symboles de Nicée et d'Antioche, sous une forme nette, concise et appropriée à l'intelligence de l'élite et des simples. Ils en trouvèrent les éléments dans les savants ouvrages, qu'avaient écrit, sur toutes les branches du savoir philosophique et religieux, les sages philosophes de l'École d'Alexandrie. Mais cette audacieuse synthèse de tous les systèmes de pensée, de toutes les croyances mystiques et sacrées de l'antiquité n'avait été possible qu'à l'aide d'une métaphysique épineuse et ardue, dont la portée dépassait l'envergure des esprits ordinaires. Pour la rendre accessible, pour en former plus efficacement une arme de combat et la mettre au service de plus nombreux soldats, il fallait en tenter une codification raccourcie, un abrégé limpide, une vulgarisation.

C'est dans ce but que nous paraît avoir été écrit le petit traité dont, après Formey, nous essayons de redonner en français une traduction établie sur un texte amendé par la critique moderne. La qualité de son auteur, le temps de sa composition, le caractère de ses idées générales et le ton même de certaines expressions réticentes mais particulières à l'apologétique païenne, tout nous confirme dans notre opinion. Salluste, en effet, fut le collaborateur et l'intime de l'empereur Julien; il le seconda dans sa lutte pour la sauvegarde et l'extension de l'Hellénisme, et il reprit, dans son petit catéchisme du traditionalisme hellénique, les mêmes idées que nous trouvons exposées dans les divers écrits que nous laissa son Maître. Tous les savants qui se sont occupés de nos jours du traité de Salluste sont à ce sujet d'un avis unanime. Un des plus notoires, Franz Cumont formule ainsi sa pensée : « Nous sommes amenés à nous demander dans quel but Salluste a composé ce traité; car il n'est pas croyable que ce conseiller de la cour impériale ait rédigé cet ouvrage pour le seul but de mettre par écrit ses opinions sur les dieux et sur le monde. Au contraire, on est en droit de supposer que c'est d'après l'inspiration de l'empereur que son confident le plus intime a résumé, dans cet opuscule, leurs idées communes, et que ce manuel était destiné à jouer un rôle dans la lutte engagée contre les chrétiens.

C'est le côté le plus intéressant peut-être de la tentative de réaction de Julien, que l'Apostat se rendit clairement compte à certains égards de la supériorité du Christianisme sur les cultes anciens, et qu'il chercha à le combattre avec ses propres armes, en donnant au Paganisme les qualités qui, croyait-il, avaient assuré le triomphe de la religion nouvelle. C'est ainsi que nous le voyons essayer de fonder des institutions charitables, d'établir une hiérarchie païenne, de s'emparer de l'instruction publique. Dans cet ordre d'idées, il dut être frappé de l'avantage que donnait dans la lutte, à ses adversaires, l'accord sur les grandes questions morales, et il dut souhaiter voir se dégager du chaos des opinions philosophiques les doctrines capitales que la généralité des païens adoptaient. C'est, semble-t-il, pour répondre à ce désir de l'empereur que Salluste composa son traité. Une chose est certaine, c'est que ce petit livre était destiné à des ignorants et avait un but de vulgarisation. Cela ressort aussi bien de certaines expressions particulières que de l'ensemble de son ouvrage, écrit avec une simplicité voulue et où sont traitées successivement en quelques lignes les principales questions qu'agitait la philosophie de son temps. Très caractéristique pour la tendance de l'œuvre est aussi le chapitre XI, où il est parlé des différents gouvernements et où la préférence est donnée à la monarchie. Enfin, la position de l'auteur à l'égard des chrétiens est la même que celle de Julien : il les considère à la fois comme des insensés et des impies, mais abandonne aux dieux le soin de les punir. »

Mais, si c'est vraiment, comme on est en droit de le supposer, à la prière de l'empereur que Salluste entreprit la rédaction, comme l'écrit Cumont, « de cette sorte de catéchisme officiel de l'empire païen », et si surtout, comme tous les savants le reconnaissent aujourd'hui, ce traité est un manuel de propagande, ce ne fut pas sans peine que l'on arriva à être fixé sur la véritable personnalité de l'auteur contesté. Les uns en attribuaient la paternité à un philosophe cynique du Ve siècle, syrien d'origine et contemporain de Proclus et d'Isidore, dont Photius et Suidas nous ont parlé avec assez d'étendue. Fabricius par contre, suivi par Orelli, Formey, Mullach, Gimazane, Zeller, Vacherot, Cumont, Nock et Bidez ont, les uns soupçonné et les autres définitivement établi qu'il fallait attribuer au seul Salluste qui fut le fonctionnaire et l'ami de Julien, la rédaction du traité Sur les dieux et le monde. Les divergences éclatent de nouveau lorsqu'il s'agit de savoir si Salluste, qui fut questeur des Gaules, est le même que celui qui obtint, lorsque Julien, agréa la mort de Constance, fut devenu empereur, d'être préfet d'Orient. Jean Gimazane est le premier, croyons-nous, qui ait tenté d'établir, mais avec plus d'imagination que de saine critique, l'identité de ces deux personnages. Savamment étayée, cette identité est aujourd'hui, communément acceptée par la plupart de tous les érudits.

Gaulois d'origine, et magnifique exemple de ce que pouvaient alors fournir à l'Hellénisme l'intelligence et le cœur de l'élite des Gaules, Sallustius, ou Salustius, Saturninus Secundus naquit, croit-on, tout au début du IV° siècle de notre ère. Il reçut une instruction très complète et, bien que Celte, il mérita de compter parmi les premiers de la Grèce par son verbe oratoire et son philosophique savoir. Lorsque Julien, envoyé par Constance, en 335, pour pacifier les Gaules qu'avaient envahies les Barbares, y rencontra Salluste, ce zélé fonctionnaire, esprit cultivé et profondément attaché à l'Empire, était déjà, écrit J. Bidez, « un homme rompu au maniement des affaires et il connaissait particulièrement bien celles de son pays natal. En sa qualité de questeur, il fut le mandataire du prince dans une grande partie de l'administration. Julien l'écouta avant d'autant plus de déférence qu'il le savait dévoué au culte païen. Il lui laissa son franc parler; il toléra même ses réprimandes. Il prit peu à peu l'habitude de conférer avec lui en toute confiance. Salluste l'aida même beaucoup à se rendre populaire en Gaule, en servant comme trait d'union entre lui et le pays. »

La pythagoricienne intimité de cette vie dans laquelle Salluste et Julien mettaient en commun leurs peines et leurs plaisirs, leurs actions et leurs paroles, dura à peine trois ans.

Dans le courant de l'hiver 358 - 359, un fonctionnaire des Gaules fut accusé de péculat, et le préfet du prétoire, Florent, un espion de Constance, avait à le juger. Gagné par le prévenu, son complice en malversation, Florent porta sur le plaignant les coups de son courroux. La rumeur publique l'accusant d'injustice, le préfet du prétoire, espérant que le César, même en dépit du bon droit, lui donnerait raison, pria Julien de se prononcer sur l'affaire. Mais Florent, lorsqu'il vit le prince, sur le conseil de Salluste, plus occupé de rechercher la vérité que de forfaire à la justice, en conçu le plus violent dépit. Il écrivit secrètement de la Cour et accusant Salluste d'exciter Julien contre Constance. Amplifiée par la voix d'un entourage abject, la calomnie fit fléchir l'esprit soupçonneux et craintif, envieux et apeuré de l'empereur, et Constance, redoutant un rival, aussitôt décréta le rappel de Salluste.

Julien fut vivement affecté par l'injuste et brutale disgrâce qui le privait de son meilleur conseiller et de son plus noble ami. Pour se consoler, s'exhorter à la résignation et ramener en son âme le calme et la sérénité, le libérateur des Gaules, au lieu de se répandre en regrets, en doléances et en récriminations, groupa "comme les plus belles fleurs d'une prairie fraîchement émaillée", les plus chers souvenirs de leur intimité et les adressa sous forme de Lettre de consolation, à l'ami regretté. La douleur de la séparation s'y exhale avec une retenue que nous en rend plus sensible la dure intensité. Julien y représente Salluste comme "un homme qui compte parmi les premiers des Grecs sous le rapport de l'équité, des autres vertus, du talent oratoire et des connaissances philosophiques." "Pour moi, écrit-il, quand je fais en retour sur moi-même afin de savoir comment je prends et prendrai et ton départ, je sens une douleur égale à celle que j'éprouvai en laissant pour la première fois à la maison le guide de mon enfance.

Mon souvenir, en effet, me retrace vivement et coup sur coup la communauté des peines que nous avons endurées ensemble, nom relations simples et pures, nos entretiens pleins de franchise et de loyauté, nos communs efforts dans la pratique du Bien, notre répugnance invariable et notre courage et inflexible à l'égard des méchants, goûts qui nous rapprochaient sans cesse, n'ayant qu'un cœur, les mêmes habitudes, inséparables amis. Et puis encore je me rappelle l'hémistiche : "Ulysse resta seul..." et je lui ressemble, depuis qu'un Dieu t'a retiré, comme Hector, loin de la grêle des traits que sycophantes ont lancés sur toi, ou plutôt sur moi, qu'il voulait percer en te blessant; persuadé que c'était mon côté vulnérable, quand ils m'auraient privé d'un ami fidèle, d'un défenseur dévoué, toujours prêt à partager mes dangers, sans calculer les siens ... C'est en songeant au manque de soutien et d'allégeance ou je vais avant peu me voir réduit, que je me sens mordre et déchirer le cœur. Car sur quel autre ami bienveillant jetterai-je les yeux ? De qui supporterai-je la libre et loyale franchise ? Qui saura me conseiller avec prudence, me reprendre avec bonté, me fortifiera dans le bien sans insolence et sans orgueil, me parlera sincèrement sans mettre d'amertume dans ses discours, à l'exemple de ceux qui savent ôter aux médicaments, ce qu'il a de maussade, pour n'en garder que l'utilité ?... Au lieu de nous lamenter, ajoute-t-il, cherchons plutôt à nous chérir davantage. Fixons nos yeux sur nos âmes, rapprochons-nous par la pensée et souvenons-nous de nos vertus, de nos actions, de nos paroles, de nos entretiens, alors que nous exaltions non sans grâce la culture de l'esprit, l'équité, l'intelligence qui gouverne les choses immortelles et les choses humaines, les bonnes mœurs, les lois et toutes ces sciences utiles dont nous parlions au gré du souvenir."

Des Gaules, Salluste, dit-on, fut envoyé en Illyrie et en Thrace. Les deux amis allaient-ils être séparés pour longtemps, et leurs communs espoirs de se revoir bientôt et de se retrouver n'étaient-ils qu'un mirage ? Lorsque les légions gauloises, refusant d'aller participer, sous la conduite de Constance, à une expédition contre les Perses, se révoltèrent à Paris et proclamèrent Auguste le général qui leur avait fait remporter contre les Alamans et les francs une éclatante victoire, Constance, bien qu'il fût alors en Syrie, fit rassembler des troupes et décida de mater par le fer le séditieux des Gaules. Julien dès qu'il apprit les projets de l'empereur offensé, voulut les devancer, et, à travers la Forêt Noire, il prit avec une portion de ses troupes le chemin du Danube. Parti d'Antioche, Constance allait quitter la Cilicie pour se porter au-devant de Julien, lorsqu'il mourut en 361, après avoir désigné son neveu comme son successeur. La guerre civile évitée, Julien, le nouvel empereur, gagna Constantinople. Il y fut reçu en messager du ciel. Rappelant alors son cher Salluste, il lui confia la préfecture d'Orient et la présidence des séances du Tribunal destiné à juger les courtisans responsables des crimes de Constance.

Maître absolu de l'Empire, le restaurateur de l'Hellénisme, obéissant à ses voix, ne tarda pas à se dépouiller, pour employer un mot de Libanius, de peau d'âne dont le lion avait dû s'affubler, à exprimer ouvertement les pensées qu'il avait été contraint, durant plus de dix ans, de dissimuler, et à se vouer tout entier au maintien des traditions qu'il considérait comme les garantes du salut de l'Empire. Julien promulgua d'abord un édit selon lequel il était permis de reprendre et de perpétuer, sans avoir rien à craindre du nouveau pouvoir, l'ancien culte des dieux et les nobles coutumes qui avait fait la grandeur et la gloire des siècles d'autrefois. Mas, comme la tolérance donnait libre cours aux représailles païennes et au prosélytisme des Galiléens, Julien, en rappelant les hérétiques proscrits, espérant diviser et dresser les chrétiens les uns contre les autres, car dit Ammien Marcellin, "l'expérience lui avait appris qu'il n'y a pas de fauves plus dangereux pour les hommes que ne le sont souvent les Chrétiens pour leurs coreligionnaires." L'Empereur peu a peu, se rendant compte que sa politique de tolérance n'apaisait point les esprits et que les dieux continuaient de s'enfuir en voyant leurs temples désertés par les foules, s'imagina arrêter par la persécution ce que la persécution ne fait que promouvoir. "Dans le temple du monde, écrit J. Bidez, la présence des chrétiens lui semblait, vu la marche calamiteuse des événements, une réelle profanation et, pour les esprits divins, un objet d'horreur. La souillure de l'athéisme devait être écartée, le salut de l'Empire était à ce prix." Ce fut alors que Salluste intervint. Cet esprit modéré, moins violent et passionné que Julien, était persuadé, comme son jeune maître, que l'avenir ne pouvait être, dans son ensemble essentiel, que le maintien de ce qui fut ou la restauration de ce qui avait été, mais il pensait, en initié supérieur, que la non-violence est plus efficace, pour le rayonnement et la garde de la spiritualité la plus haute, que la violence, qui ne peut s'exercer sur les âmes sans obscurcir l'esprit de celui qui l'emploie et semer dans le monde l'abominable ferment de la vengeance.

Tous les historiens, tant païens que chrétiens de ce temps, rendent cette justice à Salluste, qu'il essaya part sa modération et sa sagacité de détourner l'Empereur de persécuter les disciples du christ. Sa clémence fut telle que, d'après Eunape, ont la pris pour de la faiblesse. Ce qui n'empêcha point l'auteur de la vie des Sophistes, de reconnaître par ailleurs que "le très intègre Salluste était un homme remarquablement éminent par son amour des hommes." Saint Grégoire de Nazianze lui-même, le plus virulent pamphlétaire et le plus irréductible adversaire de Julien, dit aussi de Salluste que "bien qu'étant homme de religion hellène, il dépassait l'Hellène par sa façon de vivre et méritait d'être compté au nombre des meilleur de jadis et d'aujourd'hui."

À la guerre déclarée aux ennemis qui menaçaient, croyait-on, la contexture de l'Empire, va bientôt s'ajouter la guerre à ceux qui voulaient empiéter sur l'extension du territoire acquis. Les Perses s'agitaient; six légions romaines avaient été par eux capturés sous Constance, et cet affront n'avait point encore été lavé. Julien, qui se croyait la réincarnation d'Alexandre, s'y décida. Il rassembla une armée formidable, franchit l'Euphrate, malgré les objurgations de ses familiers qui suppliaient l'empereur de surseoir à son expédition parce que les présages étaient des plus mauvais et des plus inquiétants, s'avança en territoire ennemi. Mais, conduite par des guides peu sûrs, son armée s'égara. Les Perses profitèrent de la chaleur accablante pour harceler sans merci des soldats exténués par la marche, les privations, le désert est des nuées de moustiques. Il fallut alors songer à la retraite. Or, après une nuit de repos, comme l'armée s'ébranlait, on vint avertir l'empereur qu'un commencement de déroute avait gagné certains rangs. Dans sa hâte à se précipiter au point le plus critique, Julien sortit en oubliant sa cuirasse. Il rétablit l'ordre. Mais un javelot, parti d'on ne sait où, l'atteignit en plein foie. Le sang coula à flot. L'empereur fut porté sous sa tente. Après un premier pansement, ils se sentit mieux et redemanda ses armes et son cheval. Son agitation raviva la blessure et le sang se reprit à couler. Julien alors se sentit perdu. Salluste averti accourut assez tôt au chevet du mourant pour pouvoir assister à ses derniers moments. L'apostat, en effet, mourut comme Socrate en s'entretenant avec ses familiers de la vie future, de la noblesse de l'âme et de sa sublime essence. Il s'éteignit à l'âge de trente-deux ans à peine, et après un règne qui n'avait duré que vingt mois.

Après la mort de l'empereur, les officiers et l'armée se réunirent pour lui désigner un successeur. D'un commun accord ils offrirent à Salluste la pourpre impériale. Mais le préfet d'Orient refusa, en prenant prétexte de son état de vieillesse et de maladie. Toujours irréprochable et calme, Salluste continuera de se consacrer cœur et âme, au service de l'Empire en assumant, sous l'empereur Jovien, la même charge dont il avait été investi par Julien. Remplacé vers 365 par Nébridius, souvent Valentinien, sa vie se prolongea, dit-on, jusqu'en 377. La date exacte et le lieu de la mort de ce sage Gaulois qui fut une des personnalités les plus dignes d'être estimé de son époque, nous sont inconnus.

Tel est, en résumé, ce que nous pouvons savoir sur le caractère, la vie et les gestes de Salluste. Nous ne sommes pas mieux fixés sur la date exacte de composition de son petit traité Sur les dieux et le monde. Cet opuscule, comme le remarque Cumont, qui ne peut pas, en tout cas, avoir été écrit avant le mois de mai de l'an 362, date où fut composé, en une nuit, le discours Sur la Mère des dieux, que l'Empereur Julien dédia à cet intègre ami. Effectivement, le récit et l'interprétation du mythe d'Attis, que rapporte Salluste, n'est qu'un résumé de l'interprétation, particulière à lui, que Julien nous donna au cours de son discours. S'il tenta, par des opinions personnelles, d'allégoriser cette fable, ce fut sans doute pour montrer aux adversaires scandalisés de l'Hellénisme que les épisodes les plus scabreux de sa mythologie étaient susceptibles de recevoir un sens très profond, une signification métaphysique et de devenir ainsi des symboles de connaissance pure et de purification. Peut-être faut-il le rapporter à la période durant laquelle, à Antioche, Julien, tout en préparant son expédition contre les Perses, occupait ses loisirs d'hiver à composer son traité Contre les Galiléens. L'opuscule de Salluste, en effet, ne fais pas qu'imiter la façon dont Julien interprète la légende d'Attis. Ils se présentent aussi comme un véritable résumé des principes et des thèmes fondamentaux que développera en sept livres, dans son ouvrage Contre les Galiléens, le "chien enragé " qu'était pour Saint Jérôme l'empereur apostat. Quelque incomplet et mutilé que nous soit parvenu cet ouvrage, il nous en reste d'assez longs extraits de trois livres, que nous conservera, par les citations qu'il en fit dans sa réfutation, Cyrille d'Alexandrie - si on y retranche tout ce qui est attaque directe contre le Mosaïsme et le Christianisme, pour n'en garder que les pures idées sur lesquelles la polémique se fonde et s'établit le credo Païen qu'est ce petit manuel, on trouvera entre ces deux ouvrages une indiscutable parenté commune. Tous les deux participent du caractère particulier à leurs auteurs. L'un est passionné, fougueux, ironique et violent; l'autre, sans agressivité mais avec quelques points qui ressemblent plutôt à de la commisération, se contente d'exposer simplement les idées maîtresses de cet Hellénisme qu'il espérait assez fort et serein pour se créer par lui-même un avenir digne de son passé.

Mais, quoi qu'il en soit de la date de sa composition, car la parenté entre deux ouvrages n'implique pas nécessairement qu'ils aient été simultanément rédigés, le petit traité de Salluste Sur les dieux et le monde nous est précieux. Nous n'y trouvons pas, il est vrai, les expositions d'un système, mais un court résumé de ce que l'Hellénisme avait à opposer à la précision jalousée des dogmes chrétiens. Les idées qu'il formule ne sont pas nouvelles. Salluste les adoptait avec la même candeur heureuse et confiante que son continuateur Gémiste Pléthon. "Pour nous, dit en effet, au chapitre premier de son Traité des lois, cet autre plus récent et non moins curieux défenseur de l'Hellénisme, nous adopterons les doctrines et les paroles des hommes ne les plus sensés de l'antiquité ...

Tous s'étant accordés sur la plupart des questions et sur les plus importantes, il semble toujours avoir dicté leurs pensées les meilleures aux hommes les plus sages. Nous les suivrons donc, sans chercher à rien innover par nous-mêmes sur de si grands sujets, et sans accueillir aucune des innovations de certains sophistes d'hier et d'aujourd'hui. Il existe en effet une différence qui n'est pas petite entre les sages et les sophistes, c'est que les sages émettent des opinions toujours en harmonie avec les idées plus anciennes, tandis que les sophistes s'essayent le plus souvent à faire du nouveau et ne sont surtout fiers que de leurs innovations."

Le texte que nous avons suivi pour notre traduction est celui qui a été publié sous ce titre : Sallustius, Concerning the Gods and the Universe, edited with Prolegomena and translation by Arthur Darby Nock, Cambridge, 1926. Dans les notes copieuses, qui accompagnent notre traduction, nous avons inséré les quelques extraits des philosophes néoplatoniciens, antérieurs ou postérieurs à Salluste, que nous avons jugés susceptibles d'éclairer la pensée volontairement raccourcie de l'ami de Julien. Ainsi complété, ce petit livre, nous le croyons tout au moins, rendra plus évidente de son importance historique et pourra devenir un guide facilitant l'accès, l'étude et la compréhension des œuvres plus profondes de cette école de sagesse intégrale et encore trop méconnue, que fut la pensée grecque au temps d'Alexandrie.

Mario Meunier
Paris 1930-31

DES DIEUX ET DU MONDE

Par
SALLUSTE LE PHILOSOPHE

1. DES QUALITÉS DE L'APPRENTI, ET DES NOTIONS COMMUNES

Tous ceux qui ont le désir de s'instruire de ce qui touche aux dieux doivent, dès leur enfance, avoir été parfaitement bien guidés et ne pas s'être nourris d'opinions erronées[1]. Il faut qu'ils soient aussi d'un bon naturel et de saine intelligence, afin qu'ils aient quelque chose de conforme à leurs sujets d'étude[2]. Indispensable aussi leur est la connaissance des notions communes[3]. Les notions communes sont celles sur lesquelles tous les hommes, lorsqu'ils sont judicieusement interrogés, tombent d'accord : par exemple, que toute Divinité est bonne, qu'elle est impassible, qu'elle est immuable[4]. Tout ce qui est, en effet, sujet au changement devient meilleur ou pire; s'il devient pire, il se pervertit; s'il s'améliore, c'est que d'abord il a été mauvais.

---

[1] Dans une lettre que l'on tient pour adressée aux professeurs chrétiens de l'Orient, l'empereur Julien, l'ami intime de Salluste, s'exprime ainsi : « Une bonne éducation ne se distingue pas à nos yeux par la somptueuse harmonie des mots et de la parole, mais bien par la saine disposition d'un jugement raisonnable, et par la justesse des opinions sur le bien et le mal, le beau et le laid. » Cf. Julien, Œuvres complètes, Lettres et fragments, texte traduit par J. Bidez, Paris, Les Belles-Lettres, 1924, p. 73. Platon, à la fin du Ve livre et au commencement du VIe livre de la République, nous parle aussi des qualités que doivent avoir ceux qui veulent être de vrais philosophes. Les philosophes, dit-il, sont ceux dont l'esprit peut atteindre à la connaissance de ce qui existe toujours d'une manière immuable. Ils doivent d'abord aimer avec passion la seule science qui puisse leur dévoiler cette essence éternelle, immuable, inaccessible aux vicissitudes de la génération et de la corruption. Aimant ainsi la vérité, ils doivent avoir horreur de tout ce qui est faux, et ne jamais

donner accès dans leur âme au mensonge. Dès leur jeunesse, ils s'emploieront, avec le plus grand zèle à rechercher la vérité, à se dépouiller de toute bassesse de sentiments, car la petitesse des idées est tout ce qu'il y a de plus opposé à une âme qui doit aspirer sans cesse à embrasser dans leur universalité et leur harmonie toutes les choses divines et humaines. L'apprenti doit se préparer enfin, dès ses premières années d'études, à vivre selon la doctrine à laquelle il veut être initié, et cette doctrine, on ne la lui communiquera que s'il fait preuve de douceur et de santé morale et que s'il possède une intelligence à même de la comprendre et une mémoire capable de la garder. » Sur les qualités de l'apprenti, qui doit être orné de toutes les vertus morales, qui doit avoir enchaîné tous les mouvements disharmonieux et bas de son âme et s'être harmonisé avec la seule sagesse, cf. Proclus, Théol. Plat., I, 2. Les opinions erronées dont parle ici Salluste, opinions, dit Platon, Phil., 12 D, qui font la joie des sots et les remplissent d'espérances insensées, sont celles que le même sage, au livre II de la République, réprouve. Ces opinions erronées sur les dieux, ce sont les poètes qui les ont répandues. Platon ne veut plus de dieux qui se querellent, se battent, commettent l'adultère, soient jaloux des hommes et se vengent de leur bonheur. Dans l'épopée, dans l'ode et dans la tragédie, il veut qu'on représente Dieu tel qu'il est : simple, juste, immuable et suprêmement bon. Sur la nécessité de s'élever, par la vertu, à l'intelligence et à la contemplation, cf. Plotin, Ennéade I, liv. III, 2, 3; Archytas De Tarente, frag. 20. Cumont art. cit., p. 55, pense que par « opinions insensées » Salluste vise ici les idées des chrétiens.

[2] Toute connaissance étant une conversion du sujet qui doit connaître vers l'objet qui doit être connu, il s'établit entre ces deux termes une corrélation, une harmonie, une similitude; de là ce principe que le semblable est connu par le semblable. Il faut être pur, dit l'antique sagesse, pour s'approcher de ce qui est pur, et toutes choses, ajoute Salluste, au paragraphe III de ce présent traité, « s'attachent à ce qui est à leur ressemblance ».

[3] « Tous les hommes, dit Platon, Phédon 73 A, quand ils sont bien interrogés, disent d'eux-mêmes la vérité sur tout. Or, si la droite raison et la science ne se trouvaient point en eux, ils seraient incapables de le faire. » Ces notions communes, ou notions naturelles, universellement admises, constituent en quelque sorte une science inhérente à l'essence de l'âme. Antérieures à tout jugement, à toute sensation, à tout raisonnement, ces notions

premières, unificatrices de la pensée des hommes, sont comme les stigmates de l'unité de la pensée divine dans la diversité des doctrines humaines. « Ceux qui parlent avec intelligence, dit déjà Héraclite, frag. 91, doivent se tenir ferme à ce qui est commun à tous, car toutes les lois humaines sont nourries par la seule loi divine. » Platon, Ménon, 81-82, a tiré de ces notions communes sa théorie de la réminiscence. Aristote s'en est servi pour prouver l'immortalité de l'âme. Pour Hiéroclès, Commentaire sur les Vers d'or des Pythagoriciens, p. 291 de notre traduction, 1re édition; pour Eusèbe, Préparation évangélique, liv. II, 6, ces notions communes, ont été insinuées dans chaque âme pensante et raisonnable, comme un enseignement divin, par l'artisan du monde, afin que tous les hommes puissent connaître les dieux et trouver leur bonheur. Pour Proclus, Théolog. Selon Platon, liv. I, 2, ces notions communes précèdent les notions particulières; nous y croyons, ajoute-t-il, op. cit., liv. I, 25, avant toute raison, et, dit-il enfin, 1, 17, elles nous enseignent, par ce qui fut dit avant nous, la vérité continue. Pour Jamblique, Sur les Mystères, 1, 1, la concordance entre ces notions communes vient de ce que Hermès, le dieu qui préside à la vraie science des dieux, est un et identique en tous, et que tous les prêtres l'ont en commun. « La connaissance des dieux, ajoute-t-il, op. cit., liv. I, 3, est innée à notre essence même; supérieure à tout jugement et à toute préférence, elle précède le raisonnement et la démonstration. Elle était unie dès le principe à sa propre cause et coexistait à la tendance essentielle de notre âme vers le bien. » Julien, lui aussi, Contre les Galiléens, 8, fait état de la notion commune que tous les hommes ont des dieux. « Il n'y a pas un homme, écrit-il, qui, lorsqu'il étend en priant ses mains vers le ciel, et qu'il prend Dieu ou les dieux à témoin, n'ait l'idée d'un être divin et ne se sente porté en haut. Et cette impression est toute naturelle chez les hommes. » Sur la façon dont les stoïciens concevaient ces notions communes, sur l'emploi capital qu'ils en ont fait, cf. E. Bréhier, Chrysippe, p. 65-68, et du même, Histoire de la Philosophie, t. I, fascic. II, p. 303 sq. Voir aussi Cicéron, De nat. Deor., I, 16.

[4] « Tout ce que nous pouvons affirmer des dieux, dit Proclus, op. cit., I, 17, découle de ces trois notions communes : à savoir que la Divinité est bonne, immuable et véritable. Dieu, en effet, est la source de tous les biens et la cause d'aucun mal pour aucun être vivant. »

2. Que Dieu est immuable, incréé, éternel, incorporel et non circonscrit dans un lieu

Tel doit être l'apprenti[1], et voici ce qu'il faut que les doctrines soient. Les essences des dieux n'ont jamais été soumises au devenir, car ce qui existe d'une existence éternelle n'a jamais pu être soumis au devenir. Or, ce qui existe d'une existence éternelle, c'est tout ce qui possède la puissance première[2] et qui n'est pas né pour être modifiable. Ces essences divines ne tiennent pas non plus leurs origines des corps, car les puissances qui animent les corps sont incorporelles[3]. Elles ne sont pas non plus circonscrites en un lieu, car c'est le propre des corps[4]. Elles ne sont pas enfin séparées de la Cause première, ni les unes des autres, tout comme les pensées ne le sont pas de l'intelligence, les sciences, de l'esprit, et les sensations, de la créature animée[5].

---

[1] En nous disant, au chapitre premier, ce que doit être l'apprenti, Salluste nous avertit par-là que tout le monde n'est pas également propre à progresser dans l'étude de la philosophie. L'empereur julien était du même avis. « Philosopher, dit Jamblique, en son Exhortation, XII, n'appartient pas à tous, mais à ceux qui le peuvent. »

[2] Cette puissance première est ainsi définie par Proclus, Institutions Théologiques, 121 « La première puissance est, chez les dieux, celle qui ne contient pas certains êtres sans contenir les autres, mais qui préenglobe en elle-même à la fois les puissances de tous les êtres existants. »

[3] « Les forces des corps sont incorporelles, écrit Formey dans le commentaire qui accompagne sa traduction du traité Des dieux et du monde, Paris, 1808, p. 13. Quand même il n'existerait que des

corps ou de la matière, il ne s'ensuivrait pas de là, que la Divinité fut matérielle, puisque, dans les corps eux-mêmes, il y a des forces qui ne sont point la matière, et qu'on doit distinguer d'avec elle. La raison de ces forces étant dans la divinité, on ne pourrait l'y concevoir, en se la représentant comme corporelle. C'est ce que Salluste répète au chapitre XIII. Si l'on veut que les dieux soient corporels, d'où procède la force des choses incorporelles ? »

[4] Les dieux, dit Proclus, Théol. Plat., I, 19, bien que présents partout, sont cependant retranchés de tout; et, bien que contenant tout, ils ne sont retenus par rien de ce qu'ils contiennent, mais ils demeurent, vis-à-vis de tout, immélangés et ineffleurés.

[5] Selon Salluste, et pour la plupart des philosophes alexandrins, les différentes divinités du paganisme n'étaient que les diverses facultés de la Cause première, personnifiées et revêtues de noms et d'attributs. « Tous ces dieux, écrit Formey, op. cit., p. 15, placés au ciel, sur la terre et dans les enfers, n'étaient que des manières d'envisager et d'adorer les opérations de la Cause première, à laquelle ils appartenaient, aussi inséparablement que les diverses idées et connaissances appartiennent a notre âme. »

3. DES MYTHES, QU'ILS SONT DIVINS ET POURQUOI

Mais pourquoi donc, négligeant d'exposer ces doctrines, les anciens se sont-ils servis des mythes ?[1] La question mérite d'être examinée, et c'est déjà un premier avantage des mythes que de nous procurer matière à examen, en ne laissant pas inactive notre faculté de réflexion. Que les mythes soient divins, nous pouvons l'alléguer par le caractère de ceux qui en ont fait usage.[2] Ce sont, en effet, les poètes inspirés par les dieux, les meilleurs d'entre les philosophes, les fondateurs des initiations, et les dieux eux-mêmes qui, pour rendre leurs oracles, se sont servis de mythes.[3] Mais pourquoi les mythes sont divins, c'est à la philosophie de s'en enquérir. Certes, puisque tous les êtres s'attachent à ce qui est à leur ressemblance et se détournent de qui leur est dissemblable, il fallait bien aussi que les doctrines relatives aux dieux aient avec ceux-ci de la similitude, afin que ces doctrines soient dignes de leur essence et puissent rendre, à ceux qui les exposent, les dieux propices. Or, c'est à quoi les mythes peuvent seuls parvenir. Les mythes, en effet, imitent les dieux quant au proférable et à l'improférable, au visible et à l'invisible, à l'évident et au caché; ils imitent aussi la bonté des dieux, car, de même que les dieux ont rendu communs à tous les hommes les biens qui proviennent des perceptions des sens, mais ont réservé à ceux-là seuls qui sont sages les biens provenant des intellections de l'esprit : les mythes, de même, proclament à tous que les dieux existent ,[4] mais ne font connaître ce que sont ces dieux qu'a ceux qui sont capables de le savoir. En outre, ils imitent aussi les activités des dieux. Il nous est permis, en effet, d'alléguer que le monde est un mythe aussi, puisque les corps et les choses sont en lui apparents, et que les âmes et les intelligences y sont cachées.[5]. De plus, si l'on voulait enseigner à tous les hommes la vérité au sujet des dieux, on ferait chez les ignorants, parce qu'ils ne peuvent comprendre, naître le mépris, et chez les studieux, une facile indolence. Mais la vérité dissimulée sous les mythes ne permet pas aux premiers de la mépriser, et contraint les seconds à la rechercher philosophiquement[6]. Mais, dira-t-on, pourquoi les anciens ont-ils parlé dans les mythes, d'adultères, de rapts et tant d'autres sortes d'étrangetés ? Cette façon d'enseigner n'est-elle pas également admirable, puisque, à travers cette étrangeté apparente, l'âme aussitôt est conduite à regarder ces récits comme des voiles, et à penser que la vérité est improférable ?.[7]

---

[1] Enveloppe symbolique de la science véritable et âme essentielle de toute poésie, le mythe est un récit fictif qui esquisse et suggère la vérité sur les dieux. Selon Proclus, Théol. Plat., 4, 5, cette vérité est une, mais ceux qui l'ont possédée nous l'ont transmise, dans la mesure où elle est transmissible, par différents moyens. « La vérité est une, écrit A. Berger, dans Proclus, exposition de sa doctrine, p. 116, mais elle s'exprime par la langue de la science, ou par le symbole religieux. Le symbole est l'œuvre d'hommes savants, qui, inspirés de Dieu ou guidés par le génie, ont donné une enveloppe temporelle aux vérités éternelles, transformé le simple en composé, l'un en multiple; mais le symbole, sous sa forme propre, n'en contient pas moins la réalité divine. Voilà pourquoi il ne faut pas réserver nos hommages aux divinités d'un seul peuple; il est digne du sage d'être l'hiérophante du monde entier. » « L'art qui consiste, par la mythologie, écrit Proclus, op. cit., I, 4, à révéler par des allégories la vérité divine, est ancien. Il recouvre de beaucoup de voiles la vérité; il figure une chose par le moyen d'une autre, expose les choses

sensibles avant les intelligibles, les matérielles avant les immatérielles, les divisées avant les indivisées, et, par des images, qui ne sont que mensongères, fait imaginer la vérité. » Voir également à ce sujet Proclus, In Plat. Rep. Dissert. V; Eusebe, Prépar. Evang., liv. III, 7.

[2] Salluste, dit Formey, op. cit., p. 20, « prouve la divinité des mythes, à peu près comme nous prouvons celle des faits qui composent notre créance, par le caractère de ceux qui ont enseigné la mythologie aux peuples. »

[3] Parmi les poètes et les philosophes qui se sont servis des mythes, il convient de citer : Orphée, Homère, Hésiode, Empédocle, Phérécyde, Parménide et Platon. Hérodote, VI, 86, nous a conservé un exemple de ces oracles mythiques dont se servaient les dieux.

[4] Chaque peuple ayant sa religion, et toute religion ayant ses mythes pour expliquer ses dieux et enseigner sa doctrine, il s'ensuit que les mythes révèlent à tous les hommes l'existence des dieux. Sur la façon dont les philosophes alexandrins, continuant d'antiques traditions, subtilisèrent la mythologie grecque en métaphysique, personnifièrent dans les anciens dieux les premiers principes, et se servirent de la philosophie des mythes et de la théologie des mystères pour attester et consacrer le caractère traditionnel et sacré de leur doctrine, cf. Vacherot, Hist. de l'École d'Alexandrie, t. II, p. 99 sq. Persuadés de l'identité foncière des croyances et des philosophies, les Alexandrins pensaient aussi que les mythes ne recouvraient partout, sous des voiles divers, que les secrets d'une même doctrine.

[5] « Les mythes, dit Olympiodore dans les Fragments de philosophie ancienne, publiés par V. Cousin, p. 322, ont été inventés pour que nous allions de ce qui est apparent à ce qui est invisible. » C'est en ce sens que le monde peut être considéré comme un mythe. Dieu en effet ne se montre pas à découvert dans la nature; il y est caché sous l'action des causes secondes, qui ne laissent pas d'en découvrir suffisamment pour nous élever à l'idée d'une Cause première et de ses perfections. L'ignorant s'arrête au visible et le sage seul sait découvrir l'invisible sous les traits du visible. « Ce monde, écrit Formey, op. cit., p. 23-24, est un mythe, c'est-à-dire un narré perpétuel des opérations de Dieu, un livre ouvert ou chacun peut faire des objets autant de caractères, et de ces caractères, des combinaisons, des mots qui expriment les propriétés de l'essence divine, empreintes dans ses ouvrages. Mais il en est de cette fable du monde, véritablement comme des fables qu'on met entre les mains

des enfants, et de l'usage qu'ils en font à proportion du génie dont ils sont doués. Un enfant manie, par exemple, les fables de La Fontaine; il en examine les tailles-douces, il voit des corbeaux, des renards, des chats, des souris, des singes, etc. Cela l'amuse et le réjouit beaucoup, mais c'est tout. Il se peut même qu'il lise et comprenne les raisonnements de ces animaux; mais il .ne les rapporte à aucun but, et ferme son livre, quand il s'est assez amusé, sans avoir acquis la connaissance d'aucune vérité. Un autre, au contraire, attentif au sens moral, perd de vue le corbeau et le renard qui lui escroque son fromage, pour se souvenir que les flatteurs ont toujours dupé ceux qui prêtent l'oreille à la flatterie. Voilà précisément la conduite de l'homme à l'égard du monde. Il ouvre de grands yeux, il admire la majesté des cieux et de leur armée, les richesses dont la terre est couverte, les diverses propriétés des animaux, la régularité de leurs actions, et la sagacité avec laquelle ils les dirigent; mais c'est la taille-douce de la fable, et il ne va pas plus loin. Il y a tel astronome, tel physicien qui, avec des connaissances bien plus étendues, n'est guère plus avancé. Celui-là seul qui voit et adore Dieu dans ses ouvrages, comprend la fable du monde et la rapporte à sa véritable destination. »

[6] «La nature, dit Jamblique, Sur les Mystères, VII, I, exprime dans des formes visibles, d'une façon symbolique, des raisons invisibles. » Images de la vérité, «les mythes, dit Olympiodore, op.cit. p. 324, sont employés pour ne pas divulguer ce qui pourrait être compris. Comme dans les cérémonies religieuses, on voile les instruments sacrés et les choses mystérieuses, afin de les dérober aux regards des hommes indignes, ainsi les mythes enveloppent la doctrine afin qu'elle ne soit pas livrée au premier venu. » L'esprit déforme ce qu'il ne comprend point, et parler de vérité à ceux qui ne sont pas en état de la recevoir n'est pas seulement parler dans le désert, c'est jeter proprement des choses saintes aux chiens. La capacité philosophique demande, ce qui est rare, une âme pure et désintéressée, une intelligence éveillée et un effort constant. C'est, dit Jamblique, op. cit. III, 15 «pour inciter notre intelligence à plus d'acuité, que les dieux, qui font tout par idées, signifient tout par symbole. »

[7] Salluste, pour l'interprétation allégorique de toutes ces étrangetés, suit ici les théories que Proclus exposera dans sa Théologie selon Platon et dans son Commentaire sur la République. Platon, dans la République et dans Euthyphron, les avaient rejetées. Proclus, en les allégorisant, les réintégrera dans la théologie hellénique. Cf. Proclus,

Théol. Plat., I, 4. « Quand on nous parle, écrit Olympiodore, op. cit., p. 322-323, des adultères, de la captivité, des blessures des dieux, de la mutilation de Cronos, etc., nous ne devons point nous arrêter à ces dehors, mais pénétrer jusqu'à la vérité qu'ils cachent... L'obscurité même du mythe, ajoute-t-il, empêche qu'on s'arrête à ce qui est apparent, et oblige à chercher la vérité cachée. » Même idée chez Julien. « Ceux qui donnent, écrit-il, Contre Héraclius, 10, 14, une forme allégorique à leurs fables composées sur des sujets divins, semblent nous crier et nous adjurer de ne pas les prendre à la lettre, mais d'en examiner et d'en rechercher le sens caché. Avec l'emploi de l'allégorie, on a l'espoir que l'auditeur, sans s'arrêter au sens apparent des mots, remontera jusqu'à l'essence sublime des idées, jusqu'à la pure pensée qui règne sur tous les êtres. » Trad. Talbot, p. 193, Sur les fictions horribles que l'on raconte des dieux, Cf. Plutarque, Isis et Osiris, 20, p. 75 de notre traduction; Julien, Sur la Mère des dieux. 6. Mario Meunier

4. DES CINQ ESPÈCES DE MYTHES, ET DES EXEMPLES DE CHACUN

Parmi les mythes, les uns sont théologiques; les autres, physiques. Il en est encore de psychiques, de naturalistes, et d'autres enfin qui sont un mélange de ces éléments.[1]. Les mythes théologiques sont ceux qui, ne s'attachant à rien de matériel, considèrent les dieux dans leurs essences mêmes. Tel est, par exemple, le mythe de l'absorption par Cronos de ses propres enfants. Puisque Dieu est intelligent et que toute intelligence retourne sur elle-même, ce mythe fait allusion à l'essence de Dieu[2] : Pour les mythes physiques, il nous est donné de les considérer lorsqu'on rapporte au monde les activités des dieux.

C'est ainsi que certains ont déjà pensé que Cronos était le Temps, et, appelant les divisions du Temps les fils de l'ensemble des temps, ils ont dit que les enfants étaient dévorées par leur père.[3]. Le trait particulier au mythe psychique est de considérer les activités de l'âme elle-même.[4]. Les pensées de nos âmes, en effet, même si elles vont chez les autres, restent pourtant chez ceux qui les ont engendrées.[5]. La dernière forme du mythe est le mythe naturaliste : c'est le mythe dont, par suite de leur ignorance, les Egyptiens se sont surtout servis.[6]. Estimant que les corps eux-mêmes étaient des dieux, ils ont appelé Isis la terre, le principe humide Osiris, la chaleur Typhon, ou bien encore Cronos l'eau, Adonis les fruits, et Dionysos, le vin.[7]. Dire que toutes ces choses, comme aussi les plantes, les pierres et les animaux, sont consacrées aux dieux, c'est le propre des hommes qui pensent sagement; mais les appeler dieux est le fait d'hommes fous.[8], à moins que ce ne soit dans le sens que nous avons, par habitude, d'appeler soleil, et la sphère du soleil et le rayon qu'émet cette sphère.[9]. Quant aux mythes résultant d'un mélange, nous en avons des exemples variés et nombreux. Ainsi, on raconte que la Discorde jeta, dans le banquet des dieux, une pomme d'or, et qu'à propos de ce geste, une dispute éclata entre les déesses, et que Zeus les envoya vers Pâris, afin qu'il tranchât leur différend. On ajoute que ce fut Aphrodite qui lui sembla la plus belle, et que ce fut à elle que Pâris accorda la pomme.[10]. Ici, en effet, le banquet désigne les activités hypercosmiques des dieux, et c'est pourquoi ils sont groupés ensemble. La pomme d'or désigne le monde universel qui, formé d'éléments opposés, peut-être à bon droit supposé avoir été lancé par la Discorde. Et, comme chaque divinité cherche à rendre pour sa part de bons offices au monde, toutes paraissent être comme en litige au sujet d'une pomme. En outre, l'âme qui vit selon la vie des sens - et cette âme est Pâris - ne portant pas attention aux autres puissances en acte dans le monde, n'aperçoit que la seule beauté, et affirme que la pomme appartient à Aphrodite.[11].

Les mythes théologiques conviennent aux philosophes; les physiques et les psychiques aux poètes; les mixtes, aux mystères initiatiques, puisque toute initiation tend à nous rattacher au monde et aux dieux.[12].

S'il faut encore mentionner un autre mythe, nous dirons qu'on raconte que la Mère des dieux.[13], ayant aperçu Attis étendu auprès du fleuve Gallos, s'en énamoura, et, prenant un pilos étoilé, en couronna cet amant et le garda désormais avec elle. Mais Attis.[14], s'étant épris d'amour pour une nymphe, abandonna la Mère des dieux et vécut avec cette nymphe. Pour ce fait, la Mère des dieux jeta Attis dans un accès de démence, au cours duquel il se coupa les parties génitales et les laissa chez sa nymphe; puis, revenant à la Mère des dieux, il habita derechef avec elle. Or, la Mère des dieux est une déesse qui impartit la vie, et c'est pourquoi elle est appelée mère.[15]. Quant à Attis, il est l'artisan de tout ce qui devient et de tout ce qui s'écoule, et c'est pourquoi il est dit avoir été rencontré sur le bord du fleuve Gallos.[16]. Ce nom de Gallos, en effet, à mots couverts évoque la Galaxie ou le Cercle lacté, d'où débute tout corps soumis au changement.[17].

Et, comme les dieux du premier ordre donnent la perfection à ceux du second, on dit que la Mère des dieux devint amoureuse d'Attis et qu'elle lui remit les puissances célestes - et c'est ce que signifie le pilos.[18]. On ajoute qu'Attis se rendit amoureux d'une nymphe. Or, les nymphes sont les gardiennes de la génération, car tout ce qui devient s'écoule.[19]. Comme il fallait arrêter la génération et empêcher que le pire ne s'engendrât du plus vil, l'artisan qui en ordonnait le cours laissa dans le monde du devenir les forces génératrices, et de nouveau se réunit aux dieux.[20].

Ce n'est pas que ces choses ne soient jamais arrivées; elles sont ainsi de toute éternité; mais si l'intelligence les voit toujours ensemble, la parole les exprime en faisant des unes les premières, des autres les secondes.[21]. Comme ce mythe se rapporte au monde proprement, nous qui imitons le monde - car comment pourrions-nous mieux nous ordonner nous-mêmes ?.[22] - nous célébrons une fête pour le commémorer. Tout d'abord, comme étant nous-mêmes tombés du ciel.[23] et vivant dans l'intimité de la nymphe, nous nous trouvons dans un état de tristesse et nous nous abstenons de pain et de tout autre aliment épais et grossier, car les uns et les autres de ces aliments sont opposés à l'âme.[24]. Ensuite viennent des coupes d'arbres.[25], des jours de jeûne, comme pour couper court à une progression vers un devenir ultérieur. Nous usons ensuite d'une alimentation lactée, comme si nous étions engendrés de nouveau. A ceci s'ajoutent des démonstrations d'allégresse.[26], des couronnes et vers les dieux comme notre retour. Le temps marqué pour ces cérémonies témoigne en faveur de ce qu'elles signifient. C'est, en effet, vers le printemps et l'équinoxe qu'elles sont célébrées, lorsque ce qui devient cesse de devenir, que le jour est plus grand que la nuit, ce qui s'apparente aux âmes qui remontent[27].

On raconte aussi que le mythe de l'enlèvement de Coré se passa vers l'équinoxe opposé, et ce mythe a trait à la descente des âmes.[28]. Tel est ce que nous disent au sujet des mythes, les dieux eux-mêmes et les âmes de ceux qui ont écrit les mythes : qu'ils nous soient favorables !

---

[1] Les mythes théologiques, comme Salluste va l'expliquer, considèrent les essences pures et immatérielles des dieux; les mythes physiques expliquent les opérations des dieux à l'égard du monde manifesté; les mythes psychiques ont trait aux activités intérieures de notre âme; les mythes naturalistes, aux activités des forces et des éléments naturels.

[2] Cronos, pour Platon, Cratyle 396 B, est ce qu'il y a de pur et de sans mélange dans l'intelligence suprême. « Cette totalité de la sagesse divine, dit Proclus, Théol. Plat., V, 37, contient en elle-même toutes les parties de l'intelligence; elle enfante la multiplicité intellectuelle, et constamment génère tout. Tout ce qu'elle enfante, elle le résorbe de nouveau en son sein, et le rassemble en ellemême. Et, comme le disent les mythes, elle le dévore et le dépose en elle-même ». L'intelligence ne procède donc pas par dédoublement, mais par

cercle. Cf. Plotin, Ennéade, V, a, 7; Macrobe, Saturnales, I, 8, 13; Proclus, In Cratyl., p. 6, édit. Boissonade.

[3] Cronos est l'emblême du temps, parce que, dit Formey, op. cit., p. 35, « le temps, qui est la durée que les dieux accordent au monde, à des parties nécessaires, qui s'engloutissent en quelque sorte les unes les autres, et on peut les considérer, en général, comme un être qui se dévore et se détruit soi-même. » Cronos, dit Servius, Ad Aen., III, 104, « est dit être le dieu de l'éternité et des siècles, mais les siècles résolvent en lui les années qui naissent de lui. » Cf. Macrose, Saturn., I, 13; St August. Cité de Dieu, VI, ô; Nonnos, Dionysiaques, XL, 372; Plutarque, Isis et Osiris, 32.

[4] Un des plus beaux exemples des mythes se rapportant aux facultés et aux affections de notre âme est le mythe d'Eros, fils de Poros et de Pénia, que Platon, relate dans le Banquet. Cf. Platon, Banquet, p. 134-139 de notre traduction. Sur le commentaire que fit Plotin de ce mythe, cf. l'appendice de notre traduction du Banquet, qui contient une traduction du livre V de la IIIe Ennéade, consacré à Eros.

[5] Nos pensées, en effet, si elles sortent de nous, comme les enfants de Cronos, n'en demeurent pas moins dans le fond de nos âmes; c'est ce que veut dire ici d'une façon symbolique, l'absorption par Cronos de ses propres enfants. Revenant à ceux qui les ont créées, elles n'en sortent pas.

[6] Les Grecs n'ont pas été unanimes dans l'admiration sans borne que quelques-uns des plus notables d'entre eux ont portée à l'Égypte. Platon lui-même, s'il se reconnaît tributaire de la science théologique de ses prêtres, n'a pas manqué de noter l'humeur inhospitalière de ses habitants, leur âpreté au gain et la domination tyrannique que faisait peser sur l'esprit la caste sacerdotale. Plutarque, Isis et Osiris, 68, p. 195 de notre traduction, leur reproche, pour les mêmes raisons que Salluste, leur impiété et leur superstition. Les livres Hermétiques, par contre, Asclépios, 24, considèrent l'Égypte comme le temple du monde et l'image du ciel. Voir aussi Eusèbe, Prép. Evang., II, 2.

[7] Plutarque aussi, Isis et Osiris, 32, 33, p. III, 114 de notre traduction, nous atteste que chez les Égyptiens la terre était Isis, qu'Osiris était le principe et la puissance de tout ce qui est humide, la cause de toute génération et la substance de tout germe, et que Typhon, enfin, était le principe de tout ce qui est dessèchement, de tout ce qui est brûlant, de tout ce qui est sec, et de tout ce qui, en un mot, était hostile à l'humide. Dionysos n'était pas le vin, mais l'inventeur du vin et le

principe des forces productrices de la terre. Cf. Platon, Cratyle, 406 B. Sur Adonis considéré comme fruit, cf. G. Glotz, Revue des Etudes grecques, 1920, p. 214; Cornutus, De natur. Deor., 28. Sur les mythes égyptiens, outre Plutarque déjà cité, cf. Eusèbe, Prépar. Evang., I, 9; I I, 12; V, 3; Macrobe, Saturn., 21. Les Egyptiens, dit Jamblique, Sur les Mystères, VII, I., « imitant la nature du Tout et l'oeuvre des dieux, révèlent par des symboles certaines images des conceptions mystiques, cachées et invisibles, tout comme la nature, dans les formes visibles, a imprimé, d'une façon symbolique, les raisons invisibles, et comme l'œuvre des dieux a esquissé la vérité des idées par des images apparentes. »

[8] Ceux, dit Plutarque, op. cit., 66, p. I03-104 de notre traduction, qui assimilent les dieux aux phénomènes et aux productions naturelles, « ne diffèrent en rien de ceux qui prendraient les voiles, les cordages et l'ancre pour le pilote d'un navire, les fils de la trame pour le tisserand, et les tisanes pour le médecin. C'est d'ailleurs donner lieu à des opinions funestes et impies, que d'appliquer les noms des dieux à des créatures insensibles, à des choses nécessairement destinées à être détruites par les hommes pour leurs besoins et leurs usages. Il n'est pas possible de regarder comme des dieux de pareilles choses. » Salluste n'insiste pas sur les mythes naturalistes; il les considère comme des superstitions.

[9] «Chaque créature, dit Formey, op. cit., p. 38, n'est pas la divinité, et ne saurait être conçue comme en possédant les attributs; mais elle appartient pourtant à la divinité, comme les rayons au soleil, et en général comme les émanations, aux principes d'où elles émanent. »

[10] Pour honorer, sur les sommets du Pélion, les noces de Thétis et de Pélée, tous les dieux de l'Olympe célébraient un festin. Sans être vue, la Discorde entra dans la salle du banquet et jeta sur la table une pomme où elle avait écrit : à « la plus belle. » Héra la ramassa, mais Athéna et Aphrodite la réclamèrent â grands cris et demandèrent l'arbitrage de Zeus. Le Père des dieux chargea Hermès de conduire les rivales en Phrygie, par devant le beau berger Pâris, dont le jugement devait trancher le différend. Pâris donna la pomme à Aphrodite, comme à la plus belle de toutes les déesses. Sur cette légende, cf. notre Légende dorée des dieux et des héros, t. I, p. 131-132; t. II, p. 9-12

[11] Ce mythe est donc à la fois physique et psychique - physique par rapport au monde et aux dieux; psychique, parce qu'il a trait aux émotions de nos sens.

[12] Julien, Contre Héraclius, 9, met aussi les mythes en rapport avec cette partie de la théologie qui traite des initiations et des mystères. « La nature aime les secrets, dit-il, et elle ne souffre pas qu'on transmette, en termes nus, aux oreilles profanes, l'essence cachée des dieux. Or, si la nature mystérieuse et inconnue des symboles peut être utile non seulement aux âmes, mais aux corps, et nous faire jouir de la présence des dieux, il me semble que souvent aussi le même effet peut être produit par les mythes, attendu que les choses divines, que ne pourraient recevoir purement et simplement les oreilles du vulgaire, s'y coulent au moyen d'une mise en scène mythique. » Sur les mythes théologiques, cf. Proclus, Théol. Plat., I, 4.; Macrobe, Songe de Scip., I, 2, 11. Ce sont ces mythes théologiques et initiatiques qui sont à la base de tous les cultes religieux et de toutes les cérémonies sacrées. Le culte religieux, en effet, écrit Formey, op. cit., 41, est, comme l'affirme Salluste, « un principe d'union avec la nature universelle et avec la divinité. Les cérémonies n'en sont point arbitraires; elles doivent toutes être convenables à notre état et à notre perfection. Car l'union au monde et à la divinité n'est proprement autre chose que la perfection. Se conformer aux principes d'ordre et de régularité que nous découvrons dans l'univers, dans la conduite, dans les opérations et par conséquent dans l'essence même des dieux, prendre ces idées pour modèle et pour règle de nos actions, c'est au fond le but de toute religion. » Sur les prières et les sacrifices établissant avec les dieux une indissoluble communion, prédisposant les hommes à recevoir l'illumination que les Êtres supérieurs sont disposés à leur offrir, cf. Jamblique, Sur les Mystères, V, 23-26.

[13] La Mère des dieux ou la grande Mère, est Cybèle ou Rhéa. Elle était surtout honorée, d'un culte fort ancien, à Pessinonte, sur la frontière de la Phrygie. Sur Cybèle cf. H. Graillot, Le culte de Cybèle; A. Loisy, Les Mystères païens et le mystère chrétien; les articles de Cumont, dans Pauly-Wissowa; de Ropp, dans Roscher et de Decharme dans Daremberg-Saglio. Voir aussi l'important ouvrage de F. Cumont sur Les religions orientales dans le paganisme romain.

[14] Attis était, dit-on, un jeune et beau berger de Phrygie, que rencontra Cybèle. La Mère des dieux s'en énamoura. Mais Attis,

après avoir joui des bienfaits de la grande déesse, lui fut infidèle. Pour se venger, Cybèle le jeta dans un accès de démence qui le conduisit à se couper lui-même, dans sa fureur, les parties génitales. Suivant une tradition, il mourut, comme Adonis, tué par un sanglier. Après sa mort, il fut, dit-on, changé en pin. Sur Attis, outre les ouvrages et les articles cités à propos de Cybèle, cf. Hepding, Attis, seine Mythen und sein kult; J. G. Frazer, Atys et Osiris, p. 1-39; J. TOUTAIN, Les cultes païens dans l'empire romain; J. Carcopino, Attideia, dans les Mélanges d'archéologie et d'histoire de 1923; Hippolyte, Philosophumena, trad. Siouville, t. I, p. 156-159; Bidez, Vie de Julien, p. 253-258.

[15] L'explication que donne ici Salluste du mythe de Cybèle et d'Attis est beaucoup plus nette que celle qu'en donne longuement l'empereur Julien dans son traité Sur la Mère des dieux. Salluste et Julien cependant exposent les mêmes points de vue et en arrivent à se servir parfois des mêmes termes. Pour Julien, op. cit., 13, Cybèle est aussi la déesse de la vie, la procréatrice des âmes et la source des dieux intelligents. « Qu'est-ce donc la Mère des dieux ? écrit-il, op. cit., 4, p. 144., trad. Talbot. La source d'où naissent les divinités intelligentes et organisatrices qui gouvernent les dieux visibles; la déesse qui enfante et qui a commerce avec le grand Jupiter; la grande déesse existant par elle-même, après et avec le grand organisateur; la maîtresse de toute vie, la cause de toute génération; celle qui perfectionne promptement tout ce qu'elle fait; qui engendre et organise les êtres avec le père de tous; cette vierge sans mère, qui s'assied à côté de Jupiter, comme étant réellement la mère de tous les dieux. Car, ayant reçu en elle les causes de tous les dieux hypercosmiques, elle devient la source des dieux intelligents ». Sur le symbole caché sous le mythe d'Attis, cf. Saint Augustin, Cité de Dieu, I, 7, 25; Damascius, dans Photius, 1074; Porphyre, dans Eusèbe, Prépar. Evang., I, 3, 11.

[16] Dieu générateur et procréateur par excellence, Attis, écrit Julien, op. cit., 2, « nous représente la puissance créatrice qui organise les formes matérielles et en enchaîne les principes et qui, propagée par un principe de fécondité exubérante, engendre jusqu'aux derniers éléments de la matière et descend jusqu'à la terre du sein même des astres ». Le Gallos est une rivière de Galatie, qui se jette dans le Sangarios près de Pessinonte. On dit que les prêtres de Cybèle tenaient de cette rivière leur nom de Galles.

[17] Pythagore, dit Macrobe, In somn. Scip., I, 12, « pense que le royaume de Pluton commence à la Voie Lactée, parce que c'est de là que les âmes paraissent prendre leur premier mouvement pour tomber sur la terre dans la génération. » Selon Julien, op. cit., 3, la Galaxie ou Voie Lactée est le lieu « où l'on assure que s'opère le mélange du corps passible avec le mouvement circulaire du corps impassible ». Selon Porphyre, De Antro Nymp., cette voie est appelée lactée, parce que le lait est la nourriture des âmes qui, de la Voie lactée où elles étaient rassemblées, sont tombées dans la génération.

[18] Le pilos est une calotte ovale ou cylindrique de feutre. Selon Porphyre, dans Eusèbe, Prépar. Evang., III, il est le symbole du feu céleste et pur. Selon Julien, op. cit., 3, 5, il est, sur la jeune tête d'Attis, le symbole même du ciel.

[19] « Il est de la nature d'un corps, écrit Plotin, En., I, 2; t. II, p. 7-8 de la trad. Bréhier, d'être en un écoulement perpétuel. Car c'est là l'opinion des physiciens et de Platon lui-même (Tim., 43 A), au sujet des corps célestes aussi bien que des autres corps. « Comment, dit Platon, les choses corporelles et visibles pourraient-elles garder leur permanence et leur identité avec elles-mêmes ? » Il admet évidemment l'opinion d'Héraclite qui dit que « le soleil même est en perpétuel devenir. » Sur l'élément humide servant de véhicule à la génération, cf. Plutarque, Sur Isis, 33, sq. : Porphyre, De Ant. Nymp., 10.

[20] La mutilation d'Attis est aussi pour Julien, op. cit., 8, une limitation de la progression vers l'infini de la génération, car la génération, ajoute-t-il, op, cit., 4, est limitée par la Providence organisatrice à un nombre déterminé de formes. Cf. Cornutus, De Nat. Deor., 28.

[21] « Les fables du paganisme, écrit Formey, op. cit., p. 46, ne sont que des emblèmes des opérations des dieux dans la nature; mais il faut ajouter que ces opérations elles-mêmes ne peuvent pas être conçues comme successives et arrivées dans le temps. Elles ont existé de tout temps. Les perfections divines coexistent de toute éternité à leurs effets; les choses ne sont changeantes et assujetties à l'ordre des successions, que par rapport à nous et à notre manière de connaître, mais elles sont réellement toujours ce qu'elles ont été. Si nous avions assez d'étendue dans nos idées, nous embrasserions, comme le fait la divinité, d'un seul coup d'œil, tous les états de l'univers. » « Les mythes, dit Plotin, En., V, 3, 9, doivent diviser sous le rapport du

temps ce qu'ils racontent, et séparer les unes des autres beaucoup de choses qui existent simultanément; c'est à l'esprit qui veut les entendre qu'incombe le soin de rassembler et de lier ce qu'ils ont séparé. » Voir aussi Julien, op. cit., 6. « Jamais en aucun temps, il n'a cessé d'en être ainsi, jamais les choses n'ont été d'autre manière. Toujours Attis est le ministre, le conducteur du char de la Mère des dieux; il provoque toujours la génération, et toujours retranche l'infinité à la cause déterminée des formes. »

[22] « Les dieux et le monde, écrit Formey, op. cit., p. 47, sont la même chose à l'égard de l'homme, qui peut également acquérir les vertus qui lui conviennent, en cherchant le modèle de ces vertus dans le premier Etre, ou dans ses ouvrages, qui renferment une expression parfaite, éternelle, nécessaire de ses attributs. Et même le gros des hommes n'étant pas propre aux méditations qui s'élèvent jusqu'à la vérité considérée dans son essence, le monde leur fournit des principes de direction beaucoup plus à leur portée; il leur est bien plus aisé d'entendre la voix de la nature, que de remonter aux premières notions abstraites de l'essence divine. » Imiter le monde, c'est donc en quelque sorte s'ordonner avec lui-même, vivre à l'unisson des choses et accorder sa conduite avec l'ordre et les principes qui maintiennent dans l'univers son éternelle harmonie. La récompense de cette vie harmonieuse, nous dira Salluste, au chapitre XXI de ce présent traité, sera l'union de l'âme avec les dieux et son accession avec eux au gouvernement du monde universel.

[23] « De quel honneur et de quelle hauteur de félicité suis-je tombé, s'écrie Empédocle, frag. 119, édit. Diels, pour errer ici parmi les mortels ? »

[24] « Le but de l'abstinence, dit Julien, op. cit., 10, en parlant des interdictions alimentaires particulières aux fêtes de Cybèle, est l'élévation des âmes. La loi défend donc avant tout de se nourrir des grains enfouis dans la terre, parce que le dernier des êtres est la terre sur laquelle, comme l'a dit Platon, se sont réfugiés tous les maux, et d'où les oracles divins, qui l'appellent sans cesse le rebut de toutes choses, nous prescrivent journellement de nous éloigner. Aussi, la déesse procréatrice et prévoyante refuse-t-elle à nos corps les aliments que la terre recèle dans son sein, nous recommandant plutôt de fixer nos regards vers le ciel et même au-delà du ciel. On nous défend donc les graines des plantes, tandis qu'on nous permet l'usage des fruits et des légumes, non de ceux qui sont en terre, mais de ceux

qui en sont sortis et qui s'élèvent en l'air. » Voir aussi Cornutus, De nat. Deor., 28.

[25] Dans les fêtes de Cybèle, on coupait rituellement un pin dans les forêts; on emmaillotait son tronc de bandelettes de laine, on l'entourait de guirlandes de violettes et on le conduisait solennellement dans le sanctuaire de la Mère des Dieux. Sur les fêtes d'Attis, cf. Fazer, Atys et 0siris, p, 4-9; Graillot, op. cit., p. 120-142; Lucien, Déesse syrienne, 50-52; Lactance, I, 21 13; St Augustin, Cité de Dieu, VII, 96. Cette excision de l'arbre sacré, dit Julien, op. cit., 5, a trait à l'histoire et au symbolisme de la mutilation d'Attis. « Les dieux, je pense, nous enseignent par ces formes symboliques que nous devons, recueillant de la terre ce qu'il y a de plus beau, offrir pieusement à la déesse notre vertu, pour être le gage d'une honnête conduite. L'arbre, en effet, naît de la terre, se porte vers le ciel, offre à l'oeil un bel aspect, fournit de l'ombre pendant les grandes chaleurs et nous fait largesse des fruits qu'il tire de son essence. Ainsi le rite en question nous invite, nous qui, nés du ciel, avons été transplantés sur la terre, â recueillir de notre conduite ici-bas, la vertu accompagnée de la piété, pour remonter en toute hâte vers la déesse procréatrice et génératrice de la vie. » Se mutiler, pour Julien, est retrancher à l'infinité de nos désirs, pour tendre, rendu pur, à la pureté de l'unité.

[26] Ces démonstrations d'allégresses étaient les Hilaria, ou fêtes de la joie, qui célébraient la résurrection d'Attis et étaient le gage de notre retour au principe. « Qu'y a-t-il de plus dispos, s'écrie Julien, op. cit., 5, de plus joyeux qu'une âme qui, après avoir échappé à l'infini, à la génération et aux tempêtes qu'elle soulève, se sent enlevée vers les dieux ? »

[27] Les fêtes de Cybéle et d'Attis se célébraient vers l'équinoxe de printemps. Pourquoi choisit-on ce temps, se demande aussi Julien, op. cit., 7 ? « C'est que, au moment où le soleil, après l'équinoxe, semble se rapprocher de nous et où le jour augmente, la saison, je pense, paraît plus favorable à ces fêtes. Car, sans s'arrêter au principe qui veut que la lumière marche de pair avec les dieux, il faut croire que la vertu attractive des rayons du soleil s'attache à ceux qui se proposent de s'abstenir de la génération. Voyez cela d'une manière sensible. Le soleil attire tout hors de la terre; il excite, il fait germer tout par la puissance de son feu; sa merveilleuse chaleur divise les corps jusqu'à la dernière ténuité et soulève ceux qui tendraient à

s'abaisser de leur nature. Or, ce sont là des preuves qui permettent de juger de ses vertus cachées. Comment, en effet, celui qui, par sa chaleur corporelle, opère de tels prodiges dans les corps, ne pourrait-il point, par la substance invisible, incorporelle, divine et pure de ses rayons, attirer et enlever les âmes fortunées ? » Trad. Talbot.

[28] Les grands Mystères de Déméter et de Coré étaient célébrés, d'après Julien, vers l'équinoxe d'automne. « Il est juste, écrit Julien, op. cit., 8, de rendre un culte solennel au dieu qui s'éloigne, et de lui demander qu'il nous préserve de la puissance impie et ténébreuse. » On y commémorait l'enlèvement de Coré par Pluton. Les petits Mystères avaient lieu vers celui de printemps. Sur ces Mystères, cf. Foucart, Les Mystères d'Eleusis; M. Brillant, Les Mystères d'Eleusis. Les petits Mystères commémoraient le retour de Coré. Les âmes des mystes se reconnaissaient en celle de Coré.

5. DE LA CAUSE PREMIÈRE

Pour faire suite à ce qui vient d'être dit, il s'agit de considérer maintenant la Cause première, les ordres de dieux qui viennent, après elle, la nature du monde, les essences de l'âme et de l'intelligence, la Providence, le Destin, la Fortune, la Vertu et le Vice, et d'examiner les bonnes et les mauvaises formes de gouvernement qui en résultent; il faut enfin chercher d'où vient que le mal soit entré dans le monde. Chacune de ces matières demanderait de longs et de nombreux discours. Mais ce n'est peut-être point une raison de ne pas brièvement les traiter, et de faire que nos lecteurs n'en soient pas tout à fait ignorants. Il convient que la Cause première soit une[1], car l'unité précède toute multiplicité[2], qu'en puissance, comme aussi en bonté, elle l'emporte sur tout, et que tout à ce titre participe de la Cause première. Rien ne saurait, en effet, sous le rapport de la puissance, s'opposer à elle, ni l'empêcher d'exercer sa bonté[3]. Mais cependant, si cette Cause première était âme, tout serait animé; si elle était intelligence, tout serait intelligent; si elle était être, tout devrait participer de l'être[4]. Or, comme certains se sont aperçus que toute chose participait de l'être, ils ont pensé que l'être était cette Cause première. Si donc les êtres n'étaient seulement que des êtres et qu'ils ne fussent pas bons, leur assertion pourrait être vraie. Mais si les êtres n'existent qu'à cause de la bonté et s'ils participent du bien, il devient nécessaire que le premier principe soit supérieur à l'être et qu'il soit bon par lui-même[5]. En voici la plus grande des preuves. Les âmes généreuses, en effet, méprisent en vue du bien de persister dans l'être, lorsqu'elles choisissent pour leur patrie, leurs amis et la vertu, de s'exposer au danger.[6]. Après cette aussi ineffable puissance, viennent les ordres des dieux

---

[1] « Les dieux et les mortels, dit Hésiode, Œuvres et jours, 108, ont une même origine. » Aristote, De mundo, 7, nous déclare également « qu'il n'y a qu'un dieu sous plusieurs noms. » Avant les choses qui existent réellement et les principes, dit Jamblique, Sur les Mystères, VIII, 2, « il y a un dieu unique, antérieur même au dieu premier et roi (le Démiurge), demeurant immobile dans la solitude de sa propre unité ». Source de tout, « il est le principe et le dieu des dieux, l'unité née de l'Un, l'être antérieur à l'essence et le principe de l'essence ». Xénophane, « ce premier partisan de l'Un », comme l'appelle Aristote, affirmait ainsi que l'Un était dieu : « Il existe un seul dieu, le plus grand parmi les dieux et les hommes, et qui n'est pareil aux hommes ni par la forme ni par la pensée. Il voit tout entier, pense tout entier et tout entier entend. Sans peine, il gouverne toutes choses par la force de son esprit, et il habite toujours à la même place, sans faire le moindre mouvement. » Frag., 24, 25, 26, édit. Diels. Sur cet Un, Cf. Proclus, Inst. Théol., II, III,; Plotin, En., V, 4, 1; VI, 9, 6; DENYS Aréop., Noms divins, 23, et surtout Damascius, Sur les premiers principes, passim.

[2] Il est nécessaire, dit Plotin, En., V, 3, 12, « que l'unité précède la multiplicité et que la pluralité dérive de l'unité, comme le nombre un est avant tous les nombres. »

[3] « Le bien en tant que bien, dit Proclus, Inst. Théol., 8, doit précéder tout ce qui de quelque façon que ce soit participe du bien. Si, en effet, tous les êtres désirent le bien, il est évident que le bien en tant que bien est au-delà des êtres et s'en différencie. Ce qui désire doit manquer en effet de ce dont il a le désir et se trouver différent de ce qu'il vient à souhaiter ». Sur la puissance d'unification et de conservation que possède le bien, qui ne saurait être que l'Un, cf. Proclus, op. Cit., 13, et du même, Sur le Parménide, passim.

[4] « L'être, dit Proclus, Théol. Plat., III, 9, est ce qui constitue la permanence de ce qui est, ce qui est impliqué dans les premiers principes, et ce qui jamais ne sort de l'unité. » C'est par leur

participation à l'être que les choses sont, et c'est par leur participation à l'essence qu'elles sont ce qu'elles sont.

[5] Salluste fait du bien l'essence même de la divinité. Sur cette idée platonicienne du bien par excellence; cf. Plotin, En., VI, 7, 23, 24; Proclus, Théol. Plat., 11, 4.; Denys Aréopagite, Noms divins, 4.

[6] « Ce n'est pas ce qui est beau, dit admirablement Proclus, Théol. Plat., I, 25, ce n'est pas ce qui est sage, ce n'est pas quoi que ce soit d'existant, qui est, autant que le bien lui-même, aussi certain pour les êtres, aussi sûr, aussi exclu de toute équivoque, de tout effort déterminé, et de toute agitation. L'intellect lui-même accueille avec empressement cette autre union plus vénérable que l'activité intellectuelle, et qui est au-dessus de cette activité. Et l'âme aussi estime que la variété de l'intelligence et la splendeur des formes n'est rien par rapport à l'excellence du bien des choses universelles. Elle renonce à penser et remonte à la source de sa propre existence. Elle poursuit toujours le bien, le pourchasse, le désire et se hâte comme de se plonger en son sein, et c'est au seul bien entre toutes les choses qu'elle se donne sans nulle hésitation. Mais pourquoi ne parler que de l'âme ? Les animaux mortels, en effet, comme Diotime l'affirme quelque part, méprisent toutes les autres choses, leur propre vie, leur existence, à cause du désir de la nature du bien. Tous possèdent cet unique, inébranlable et indicible élan vers le bien. Pour lui, ils négligent toutes choses, les placent au second rang et déprécient leur ordre. Le bien donc est le seul port de sûreté de toutes les créatures. »

6. DES DIEUX HYPERCOSMIQUES ET DES DIEUX ENCOSMIQUES

Parmi les dieux, les uns sont encosmiques; les autres, hypercosmiques.[1]

J'appelle encosmiques, les dieux qui fabriquent le monde. Quant aux dieux hypercosmiques, les uns créent les essences des dieux; les autres, l'intelligence; ceux-ci enfin, les âmes. Aussi sont-ils répartis en trois ordres, et ces trois ordres il est aisé de les découvrir dans tout ce que l'on rapporte au sujet de ces dieux.

Des dieux encosmiques, les uns font que le monde existe; les autres harmonisent les êtres en accordant leurs éléments opposés; ceux-ci les animent, et ceux-là enfin les maintiennent dans l'harmonie établie.

Comme ces fonctions sont au nombre de quatre, et que chacune d'elles comporte un commencement, un milieu et une fin, il en résulte nécessairement que doivent être au nombre de douze les dieux qui en ont la gérance.[2]

Les dieux qui fabriquent le monde sont Zeus, Héphaïstos, Poséidon[3]; ceux qui l'animent: Déméter, Héra et Artémis[4]; ceux qui l'harmonisent: Apollon, Aphrodite et Hermès[5]; ceux qui maintiennent l'harmonie : Hestia, Athéna et Arès[6]. Des allusions à ces fonctions sont apparentes, en leurs images[7].

Apollon, en effet, accorde une lyre; Athéna est armée; Aphrodite est nue, car l'harmonie crée la beauté, et la beauté, dans les choses visibles, ne se voile point[8].

Puisque ces divinités sont celles qui, au premier chef, gouvernent l'univers, il faut considérer les autres comme existantes en elles. Ainsi, par exemple,

Dionysos est en Zeus.[9], Asclépios en Apollon.[10] et les Charites en Aphrodite.[11].

Nous pouvons aussi observer leurs sphères : la terre est attribuée à Hestia, l'eau à Poséidon, l'air à Héra et le feu à Héphaïstos.[12].

Quant aux six plus hautes sphères, nous avons aussi coutume de les appeler dieux. Apollon et Artémis, en effet, se prennent pour le soleil et la lune. Il faut attribuer à Déméter la sphère de Cronos, l'éther à Athéna.[13].

Pour le firmament, il est commun à tous.

Telle est la façon dont on explique et dont on chante les ordres, les puissances et les sphères des douze dieux.[14].

---

[1] Proclus, notamment dans ses commentaires Sur le Parménide, Sur le Timée et surtout dans sa Théologie selon Platon, parle souvent des dieux hypercosmiques et des dieux encosmiques. Mais il y joint, pour le monde invisible, deux autres ordres de dieux : les dieux intellectuels et les dieux intelligibles. Tous ces dieux ne sont que des aspects différents de la même puissance. Cf. Jamblique, Sur les Mystères, VIII, 8; Maxime De Tyr, XI, 12; Louis Ménard, Hermès Trismégiste, p. 167- 169 .

[2] Pindare, Oymp., X, 49, Aristophane, Aves, 75, nous parlent déjà des douze grands dieux. «Les autres dieux, dit Proclus, Théol. Plat., VI, 21, qui sont au nombre de douze, commandent selon l'ordre dans lequel chacun d'eux fut placé. » Sur l'ordre, les prérogatives des douze grands dieux, cf. Proclus, op. cit., VI, 22; Hermias, Sur le Phèdre, 123, éd. Ast

[3] « Zeus, dit Proclus, Théol. Plat., VI, 22, est le dieu qui tient, au sein de la triade démiurgique, le rang le plus élevé; il donne leur perfection aux intelligences et aux âmes, dirige les corps, et, comme le dit Socrate, a soin de tout. - Poséidon gouverne surtout le monde des âmes; ce dieu, en effet, est la cause de tout mouvement et de toute génération. Héphaïstos anime la nature des corps et donne forme

aux sièges encosmiques des dieux. » Voir aussi Proclus, op. cit., VI, 9, 10, Sur le Timée, I, 41, 44, Sur le Cratyle, 150, 153; Cornutus, De nat. Deor., 2,11,19; HERMIAS, Sur le Phèdre, 141; Olympiodore, Sur le Philèbe, 281.

[4] « Déméter, écrit Proclus, op., cit., VI, 22, préside à la triade des dieux animateurs. Elle engendre totalement toute la vie encosmique, et la vie intellectuelle et psychique qui est inséparable du corps. »

De la même manière, ajoute-t-il, Sur le Cratyle, 163, qu'il faut considérer Pluton non point seulement dans la simple richesse de la terre, mais encore dans la richesse de l'intelligence : de même, il faut voir Déméter non seulement dans la nourriture corporelle, mais il faut la comprendre comme étant la dispensatrice chez les dieux d'abord, et chez ceux ensuite qui viennent après eux, de la divine nourriture. Cf. Cornutus, op. Cit., 28; Proclus, Théol. Plat., VI, II; Sur le Cratyle, 161, 168, 179. - Héra, dit Proclus, Théol. Plat., VI, 22, est la « procréatrice du souffle vital. Déesse intellectuelle, elle fait jaillir d'elle-même toutes les sorties des autres générations psychiques.» Cf. Cornutus, op. cit., 3; Arnobe, III, 30. - Artémis, dit Proclus, op. cit., VI, 22, a obtenu en partage de présider au terme. Mettant en mouvement vers l'activité toutes les raisons naturelles, elle perfectionne la perfection que comporte la matière. Aussi les théologiens et Socrate, dans le Théétète, l'appellent-ils accoucheuse, comme étant la surveillante de toute sortie physique et de toute génération.»

[5] Ces dieux harmonisateurs qui harmonisent le monde comme le musicien harmonise sa lyre, sont appelés, par Proclus, op. cit., VI, 27, dieux anagogiques, ou dieux qui ramènent les choses à leurs principes. Apollon, dit Proclus, Théol. Plat., VI, 22, « perfectionne tout au moyen de la musique, et il fait que tout, d'un mouvement d'ensemble, comme le dit Socrate, est converti à ses principes. Et, par l'harmonie et le rythme, il attire la vérité intellectuelle et la lumière qui est là ».

Sur la propriété que possède Apollon de ramener le multiple à l'un et de faire sortir le multiple de l'un, cf. Proclus, op. Cit., VI, 13. Sur Apollon harmonisateur des parties du tout, voir aussi Cornutus, op. cit., 32. - Aphrodite, dit Proclus, op. cit., VI, 22, « est la cause initiale de l'inspiration amoureuse qui pénètre à travers toutes choses et qui conduit vers le beau les vies qui sortent d'elle. » - Hermès, dit Proclus, op. cit., VI, 22, « est le gardien de la sagesse philosophique; par elle, il ranime les âmes; et, par les facultés dialectiques, il reconduit vers le bien les âmes universelles et particulières. » Cf. Cornutus, op. Cit., 16.

[6] « Le tout premier dieu de la triade qui veille à la garde inébranlable du monde, dit Proclus, Théol. Plat., VI, 22, est Hestia, parce qu'elle conserve dans sa pureté l'être et l'essence de toutes choses. Tout ce qui, ajoute-t-il, op. cit., VI, 21, est stable, immuable, et toujours identique dans les choses encosmiques, doit être dit appartenir et descendre de cette supracéleste Hestia; c'est par elle que tous les pôles restent immobiles, ainsi que les axes autour desquels les révolutions des sphères se déroulent. C'est aussi par elle que la totalité des mouvements circulaires est solidement établie, que la terre, au centre, demeure stable, et que le centre lui-même possède une permanence inébranlable. » Hestia, déesse de la stabilité du monde, était aussi la déesse de la stabilité du foyer familial. Sur Hestia, cf. Proclus, Sur le Cratyle, 130; Cornutus Op. cit., 28; Aristote, Du ciel, 11, 13. « Stat vi terra sua, dit Ovide, Fastes., VI, 299, vi stando Vesta vocatur. » - Athéna, dit Proclus, Sur le Timée, 51, « est une divinité indomptable et pure, par laquelle le démiurge lui-même persiste en fixité et immutabilité, et par laquelle tout ce qui émane de lui participe de son inflexible puissance. »

Pour Cornutus, op. Cit., 20, Athéna, comme la définissait Platon dans le Cratyle, est l'intelligence de Zeus. Et par l'intelligence, ajoute Proclus, Théol. Plat., VI, 22, « elle conserve immuables les vies médiatrices. » - Arès, selon Cornutus, op. Cit., 21, « est la puissance active qui harmonise les choses. » Pour Proclus, op. cit., VI, 24 « Arès fait briller dans les natures corporelles la puissance et la solide vigueur. Comme il est aussi parfait par Athéna, il participe de l'inspiration la plus intelligente et de la vie séparée que ne possèdent pas les choses engendrées. »

[7] « Les dieux et leurs images, dit Artémidore, Des Songes, II, 37, ont un langage commun. » Sur le symbolisme des attributs et des statues des dieux, cf. Julien, Consol. à Salluste, 7; Macrobe, Saturn., I, 17, 19, 21; Charly Clerc, Les théories relatives au culte des images, p. 49-51, 82-85.

[8] « Les plus grands aspects du beau, dit Aristote, Metaph., XIII, 3, sont l'ordonnance, la proportion et la limitation. » Sur Aphrodite et Eros préposés par le démiurge pour faire par la beauté briller sur tout l'univers l'ordre, l'harmonie, la sympathie et l'unité, cf. Proclus, Sur

le Timée, III, 155, Sur le Cratyle, 136; Damascius, Sur les premiers principes, I, 89, II, 98.

[9] Dionysos n'était pas seulement que le planteur de la vigne et l'inventeur du vin. Pour Olympiodore, Sur le Philébe, 201, c'est un dieu intellectuel, « le dieu du mélange psychique et hypercosmique. » Julien, Contre Héraclius, 13, avoue ne pas connaître, sur le symbolisme de la naissance de Dionysos, l'exacte vérité. « Laissons donc à Dionysos, ajoute-t-il la science de lui-même; mais je le prie de pénétrer mon âme et la vôtre de ce saint délire qui nous porte à la véritable connaissance des dieux, de peur que, privés trop longtemps de la présence bachique du dieu, nous subissions le sort de Penthée (l'écartèlement), sinon de notre vivant, du moins après notre mort. Car l'homme en qui la surabondance de la vie n'aura pas été perfectionnée par le principe un et indivisible dans le visible, par la substance entière sans mélange et préexistante de Dionysos, grâce à l'enthousiasme divin inspiré par ce dieu, celui-là court grand risque que sa vie ne s'échappe en coulant, que, en s'échappant, elle ne se divise, et que, en se divisant, elle ne se perde. » Sur Dionysos, Cf. Proclus, Sur le Timée, V, 334, Sur le Cratyle, 184; Julien, Sur le roi Soleil, 12.

[10] Paeéon ou le Sauveur Asclépios, écrit Syrianos, Sur la métaph. d'Aristote, « jouit de l'art divin de guérir; et, par cet art, il distribue aux dieux, aux âmes et aux corps ce qui leur convient; aux uns continuellement; aux autres, lorsqu'il en est besoin. » Apollon, dit julien, Sur le roi Soleil, 12. « ne fait qu'un avec le Soleil et partage avec lui la même simplicité d'intelligence, la même immutabilité de substance et la même énergie. Ce dieu, qui ne sépare point du Soleil la force productive et disséminée de Dionysos, met en harmonie toutes les lois de la vitalité et engendre Asclépios, qui est la force qui complète les principes réguliers de la vie. »

Parmi les dieux intelligents, dit encore julien, Contre les Galiléens, 7, émanés de lui, Zeus engendra Asclépios et le rendit manifeste à la terre par la puissance génératrice du soleil. « Descendu du ciel sur la terre, il parut à Epidaure sous la forme humaine, et de là, s'avançant plus loin, guérissant les âmes malades et les corps infirmes, il étendit sa main secourable sur la terre entière.» De ton thiase tutélaire, chante Proclus dans son Hymne au Soleil, 21-23, «Paeéon, ce doux présent, naquit. Il répandit son, art de se conserver sain et remplit de salubre harmonie le spacieux univers. »

[11] Les Charites étaient, comme Aphrodite, la source de toute joie, de toute grâce et de tout attrait séducteur. Rien n'était jeune, rien n'était aimable que par la vertu de leur lumineuse et rayonnante présence. La beauté même des femmes était un don, une faveur des Charites. Par vous, dit Pindare en s'adressant à elles, Olymp., XIV, 6 sq., « les mortels ont tout ce qui fait leurs joies et leurs délices; c'est par vous que l'homme est sage, qu'il est beau, qu'il est illustre. Les dieux eux-mêmes, en l'absence des Charites augustes, ne peuvent mener ni danses ni festins; ce sont elles qui président à tout dans le ciel. » Sur Aphrodite et les Charites, cf Decharme, Mythologie de la Grèce, p. 202, 219.

[12] Sur les zones attribuées aux quatre éléments, cf Aristote, Météorol., 354 B

[13] Sur l'éther, communément attribué à Zeus et attribué par Salluste à Athéna, cf. Cornutus, De nat. Deor., 20; ZÉNON, ap. Diog. Laert., VII, 147. - « Déméter, dit Proclus, Théol. Plat., V, II, « est appelée Rhéa lorsqu'elle est unie à Cronos; mais, ayant produit Zeus, elle manifeste avec Zeus les ordres généraux et particuliers des dieux. » Orphée, ajoute encore Proclus, Sur le Cratyle, 166, dit que Déméter est la même que Rhéa. Elle est Rhéa lorsqu'elle est en haut indivisiblement unie à Cronos. Mais lorsqu'elle a produit et engendré Zeus, elle devient Déméter. » Cf Eusèbe, Prépar. Evang., III, 11. La raison pour laquelle, selon Muccio, art. cit., p. 53, Salluste attribue à Déméter la sphère de Cronos, est que Cronos ne compte pas, comme Déméter, au nombre des dieux encosmiques.

[14] « Ces douze dieux ne sont pour ainsi dire, écrit Formey, op. cit., p. 66, que douze points de vue différents d'un seul et même être. » L'idée générale de la théologie païenne, ajoute-t-il, op. cit., p. 65, « était celle d'un ouvrier suprême qui se déchargeait des détails sur des agents subalternes, entre lesquels même il y avait une subordination, à peu près semblable à celle qui règne dans la cour des monarques. Mais les philosophes n'entendaient, par cette multitude de dieux répandus dans la nature, que les divers genres de facultés et de puissances que la première Cause employait convenablement aux sujets sur lesquels elle agissait. » Leur unité était dans le démiurge, car Zeus, comme le chante Orphée, « est le commencement, le milieu et la fin de tous les êtres. » Sur les douze grands dieux de la religion grecque, qui constituent, selon Proclus, une théologie identique dans

le fond à la philosophie, cf. Berger, Proclus, exposition de sa doctrine, p.115 sq.

Sur la classification des dieux, d'après Salluste, cf E. Bréhier, Revue d'histoire de la philosophie, juillet-septembre 1927, P »338. E. Bréhier y départ les divers éléments que Salluste emprunte à Plotin, à Jamblique et aux Stoïciens, pour établir sa subdivision tripartite des hiérarchies des dieux.

7. DE LA NATURE DU MONDE ET DE SON ÉTERNITÉ

Il est nécessaire que l'univers soit aussi lui-même impérissable et incréé.[1] Il faut qu'il soit impérissable, car, s'il était détruit, ce ne pourrait nécessairement que pour être remplacé, ou par un meilleur, ou par un pire, ou par un semblable, ou bien pour laisser triompher le désordre. Mais, si c'était par un pire, l'agent qui rendrait pire ce qui était meilleur, serait mauvais si c'était par un meilleur, il s'avérerait impuissant pour n'avoir pas pu dès le commencement instaurer le meilleur; si c'était par un semblable, il se donnerait une peine inutile, et si c'était enfin pour laisser triompher le désordre... mais il n'est pas permis d'envisager cette dernière hypothèse.[2]

Que l'univers n'ait pas été créé, ce qui vient d'être dit le prouve suffisamment. S'il est impérissable en effet, il n'a pas dû commencer, puisque tout ce qui commence est sujet à finir. De plus, comme l'univers existe par un effet de la bonté de Dieu, il est nécessaire que Dieu soit toujours bon et que le monde soit toujours existant[3], de la même façon que la lumière coexiste avec le soleil et le feu, et l'ombre avec le corps.[4]

Entre les corps qui se meuvent dans l'univers, les uns imitent l'intelligence et se meuvent en cercle; les autres imitent l'âme et vont en ligne droite.[5]

Parmi ceux qui se meuvent en ligne droite, le feu et l'air se portent en haut, la terre et l'eau tendent vers le bas. Parmi ceux qui se meuvent en cercle, il y a la sphère des étoiles fixes qui se dirige de l'Est à l'Ouest, et les sept sphères planétaires qui sont emportées de l'Ouest à l'Est. Les raisons de ces déplacements sont nombreuses et diverses, mais c'est surtout pour empêcher, si la révolution des sphères devenait trop rapide, que la génération ne fût imparfaite.[6]. La diversité de ces mouvements implique nécessairement qu'est aussi diverse la nature des corps mus, et que le corps céleste ne peut ni brûler, ni refroidir, ni accomplir aucune autre action propre aux quatre éléments.[7].

Puisque, comme le zodiaque l'indique, l'univers est une sphère, et qu'en toute sphère le bas devient le centre - car le centre est de tous côtés le point le plus distant - et qu'en outre les corps pesants qui tendent vers le bas sont entraînés vers la terre, il devient nécessaire que la terre soit le centre du monde.

Toutes ces choses ont été accomplies par les dieux; l'intelligence les ordonne et l'âme les meut[8]. Mais, sur les dieux, j'en ai déjà dit assez.

------

[1] On trouvera dans le traité de Philon, intitulé De l'incorruptibilité du monde, le développement de tous les arguments que Salluste ne fait ici que résumer pour prouver l'éternité du monde. Les néoplatoniciens tiraient de Platon et surtout d'Aristote leur conception de l'éternité du monde. « L'éternité du monde et sa nécessité, écrit L. Rougier, Celse, p. 75, furent un dogme de l'Hellénisme. Les physiologues d'Ionie, à forée de la science hellène, avaient formulé cette loi d'invariance universelle, qui est devenue depuis le principe de conservation de l'énergie : Rien ne se perd, rien ne se crée, par quoi se trouve éliminée l'idée d'un commencement absolu et d'une fin dernière de l'Univers. » L'Hellénisme, écrit encore E. Bréhier, Hist. de la philosophie, t. I, fasc. II, p. 501, « est caractérisé par l'éternité de l'ordre qu'il admet dans les choses; un principe éternel d'où découlent éternellement les mêmes. Conséquences ». » La nature de l'univers, disait Celse, Discours vrai, 49, est une et toujours identique à elle-même. Les choses roulent sempiternellement dans le même cercle, et, suivant l'ordre immuable des cycles, ce qui a été, ce qui est et ce qui sera, est toujours le même.

» Voir aussi Ocellus Lucanus, De Univ. Nat., I; Plotin, En., II, 2, 4, 9, 6.

[2] Si donc, écrit Proclus, Sur le Timée, II, 3, « Dieu a voulu que tout participe du bien; il ne peut rien exister dans le Tout de mauvais, d'irrégulier, d'inconsidéré, d'indéterminé, mais tout doit, dans la mesure où il peut, participer de la beauté et de l'ordre. »

[3] « Dans son livre, écrit Louis Rougier, op. cit., p. 76-77, dénommé conventionnellement Dix-huit arguments contre les Chrétiens, livre qui nous a été conservé en partie par une réfutation qui en fut faite, en la première moitié du VIe siècle, par le chrétien Philopon, Proclus développe longuement la thèse de l'éternité du monde. S'appuyant sur ce que Platon dit, dans le Timée, de la bonté du Démiurge, qui, étant exempt de toute envie, a ordonné le Cosmos à sa plus grande ressemblance, il argumente ainsi : Dieu a toujours été bon, et il le sera toujours, et comme sa bonté se manifeste dans la création, celle-ci a toujours existé et existera toujours. Le monde est le rayonnement inévitable de la bonté divine, comme le rayonnement de la lumière accompagne inévitablement le soleil. - Dieu, acte pur, est immuable, et, par suite, il veut éternellement les mêmes choses, car une nouvelle détermination, telle que la décision de créer, introduirait un changement en lui, un passage de puissance à acte, ce qui est incompatible avec sa nature. Si donc quelqu'un croit faire preuve de piété envers la cause du Tout, en disant qu'elle seule est éternelle, il blasphème grandement. L'idée même de la création temporelle, continue Louis Rougier, est incompréhensible. Dire que le monde a commencé implique qu'il fut un temps où il n'était pas; dire que le monde finira, implique qu'il y aura un temps où le monde cessera d'être. Mais le temps n'existe que par les révolutions des sphères célestes qu'il mesure. On ne peut donc imaginer un temps où le monde ne sera pas, car ce serait imaginer un temps où le temps ne serait pas, ce qui est contradictoire. » Sur Philopon, cf. A. Vacherot, Hist. critique de l'École d'Alexandrie, t. II, p. 350 sq.

[4] « De même que le soleil par là même qu'il est, écrit Proclus, Sur le Timée, 11,1 1, éclaire tout et que le feu réchauffe, ainsi Celui qui est éternellement bon, ne cesse pas éternellement de vouloir le bien. » Aussi, comme l'écrit Louis Rougier, op. cit., p. 78-7), « nier l'éternité du monde, ce n'est pas seulement insulter la raison, c'est miner le fondement même de l'idée du divin. Ce qui est divin, disait un jour

Henri Poincaré, ce n'est point le miracle, c'est que la nature est soumise à des lois.

C'est le sentiment de l'harmonie du monde, de l'ordre du Cosmos, manifesté principalement dans la périodicité des phénomènes célestes où Platon voyait « l'image mobile de l'éternité immobile », qui a conduit les Pythagoriciens, les Platoniciens, les Stoïciens à l'idée d'un suprême ordonnateur des choses. Admettre la nouveauté du monde et qu'un jour, à une certaine conjonction d'étoiles, sonnera l'heure de son crépuscule, ce n'est pas seulement contrevenir au principe suprême dans lequel les Ioniens avaient justement découvert la condition de l'intelligibilité du monde, et de la possibilité de la science; c'est commettre une impiété majeure en renversant la preuve de l'existence de Dieu tirée de la stabilité du système du monde. » - Le monde ne peut finir, ajoute Proclus, op. cit., II, que par la dissolution de ses parties. Or, Dieu qui fa créé, étant bon, comment pourrait-il détruire l'œuvre de sa bonté ? Le monde est donc indissoluble et par conséquent impérissable. Ce qui ne peut périr n'ayant pas pu commencer, le monde est donc éternel. »

Pour Philon, De leg. alleg., I, 41, la création n'est pas un acte passager et momentané, mais un acte nécessaire et constant de la puissance divine. Dieu crée incessamment parce que sa nature est de créer, comme celle du feu de brûler. Il ne peut, ajoute-t-il, De mund., op. I, sans cesser d'être bon, vouloir que l'ordre, l'harmonie soient remplacés par le chaos, et supposer qu'un monde meilleur puisse un jour être appelé à remplacer le nôtre, ce serait accuser Dieu d'avoir manqué de bonté et de sagesse à l'égard de l'ordre actuel des choses.

[5] Salluste distingue ici nettement l'intelligence, de l'âme. L'intelligence, principe d'unité, se meut en cercle, dit-il, et l'âme, principe vital et de mobilité, se meut en ligne droite. L'intelligence en effet ne fait constamment que retourner aux principes; l'âme les étend et les développe. Elle pourrait indéfiniment les étendre et les développer, si l'intelligence, pour éviter le désordre, ne ramenait, comme en cercle, les conséquences aux principes. « Pourquoi le ciel se meut-il d'un mouvement circulaire ? se demande Plotin, En. II, 2. - Parce qu'il imite l'intelligence. Or, l'intelligence se meut en restant immobile. Et c'est ainsi que l'univers, en se mouvant en cercle, reste pourtant à la même place, » Sur le mouvement circulaire et le mouvement rectiligne dans la philosophie d'Aristote, cf. E. Bréhier, Hist. de la philosophie, I, fascic. 1, P- 215-218.

[6] Salluste veut sans doute dire que, par le mouvement circulaire inverse des étoiles fixes et des planètes, le mouvement du monde se tempère par cette opposition, se régularise et se conditionne aux exigences requises pour l'accomplissement de la génération. Cf. Cicéron, De la République, VI, 17; Macrobe, Sur le songe de Scipion, I, 17; Philopon, De l'éternité du Monde, VI, 24.

[7] « Il n'y a pas d'homme, écrit julien, Contre les Galiléens, 8, qui, lorsqu'il lève en priant ses mains vers le ciel, et qu'il prend Dieu ou les dieux à témoin, n'ait l'idée d'un être divin et ne se sente l'âme transportée. Voyant qu'il n'y a ni diminution, ni augmentation dans les phénomènes célestes, mais que leur mouvement est toujours régulier, leur ordonnance toujours symétrique, que les phases de la lune sont réglées, réglés les levers et les couchers du soleil, à des époques réglées elles-mêmes, les hommes ont w là un Dieu et le trône d'un Dieu. Car un être qui n'est susceptible ni d'augmentation, ni de diminution, et qui est soustrait à toute variation et à tout devenir, ne saurait avoir d'origine et de fin. »

La matière du corps céleste, différente de la matière terrestre, est un feu particulier qui semble constituer ce que les anciens appelaient, le cinquième corps. Cf. G. Murray, Four stages of Greek Religion, p. 117

[8] Le corps céleste, par son mouvement circulaire, participe à la nature de ce qui est éternel. Les quatre éléments, se mouvant en ligne droite, participent à la nature de ce qui est soumis à la mesure du changement. La diversité de mouvement des corps manifeste ainsi leur diversité de nature.

8. DE L'INTELLIGENCE ET DE L'ÂME. QUE L'ÂME EST IMMORTELLE

L'intelligence est la puissance qui vient après l'être, mais qui précède l'âme.[1] Elle tire son existence de l'être et rend l'âme parfaite, comme le soleil rend la vision parfaite.[2] Parmi les âmes, les unes sont raisonnables et immortelles; les autres, irraisonnables et mortelles.[3] Les unes procèdent des dieux du premier rang; 1es autres, des dieux du second rang.[4] Mais il faut d'abord rechercher ce qu'est l'âme.

L'âme donc est ce par quoi diffèrent les êtres animés des êtres inanimés, et ils en différent par le mouvement, la sensibilité, l'imagination et l'intelligence. L'âme irraisonnable est la vie sensitive et imaginative; l'âme raisonnable est la vie qui domine la sensibilité et l'imagination, et qui se sert de la raison. L'âme irraisonnable obéit aux passions du corps, car elle désire et s'irrite inconsidérément. Mais l'âme raisonnable méprise avec circonspection tout ce qui vient du corps; et, en lutte avec cette âme irraisonnable, elle obtient la vertu par sa victoire et le vice par sa défaite.[5] Cette âme raisonnable doit nécessairement être immortelle, car, d'un côté, elle connaît les dieux, et rien de ce qui est mortel n'a jamais connu ce qui est immortel[6], et, d'autre part, elle méprise, en les regardant comme étrangères, les choses humaines, et, en tant qu'incorporelle, réagit contre les choses corporelles.

Tant que les corps, en effet, sont jeunes et beaux, elle s'altère; mais, quand ils vieillissent, elle atteint au plus haut point de force.[7] De plus, toute âme généreuse use de l'intelligence, et jamais aucun corps n'accroît l'intelligence. Comment, en effet, ce qui est dépourvu d'intelligence pourrait-il accroître l'intelligence ? Bien que l'âme se serve d'un corps comme d'un instrument, elle n'est pas dans le corps, tout comme un créateur de machines n'est pas dans ses machines, puisque nombre d'entre elles se meuvent sans qu'on y touche.[8]. S'il arrive souvent que l'âme soit par le corps détournée de sa fin, il ne faut pas s'en étonner, car les arts ne peuvent point effectuer leurs tâches si leurs instruments sont endommagés.[9].

---

[1] « L'âme, dit Proclus, inst. Théol., 20, est une essence qui est au-dessus de tous les corps; la nature intellectuelle est au-dessus de toutes les âmes et l'Un est au-dessus de toutes les essences intellectuelles.»

Il y a donc, disent aussi les Livres Hermétiques, apud Stobée, Ecl. phys., XLIII, II, une préexistence au-dessus de tous les êtres et de ce qui est réellement. La préexistence est ce par quoi l'essentialité universelle est commune à tous les êtres intelligibles véritablement existants et aux êtres pensés en eux-mêmes. » Sur l'être donnant essence à l'intelligence, voir aussi Proclus, Théol. Plat., IV, 36. Sur ces trois ordres : l'être, l'intelligence et l'âme, cf. PROCLUS, op. cit., I, 3

[2] « Chaque être, dit Jamblique, Sur les Mystères, V, 10, reçoit de celui qui l'a engendré la nourriture et la perfection. Cela se voit dans les générations apparentes, mais aussi dans les générations cosmiques. Les choses terrestres, en effet, sont nourries par les choses célestes.

Mais cela est encore beaucoup plus évident pour les causes invisibles, car l'âme est parfaite par l'intelligence, la nature par l'âme, et toutes les autres choses sont semblablement nourries par leurs causes. » L'intelligence, dit aussi Proclus, Sur le Timée, III; 183, « est analogue au soleil; l'âme, à la lumière qui provient du soleil, et la vie divisée, à l'éclat de la lumière. » ˙

[3] L'homme, écrit Jamblique, op. cit., VIII, 6, a deux âmes. « L'une, issue du premier Intelligible, participe aussi à la puissance du démiurge;l'autre nous est donnée par l'évolution des corps célestes

vers laquelle retourne l'âme qui voit les dieux. Les choses étant ainsi, l'âme qui nous descend des mondes obéit aux mouvements des mondes; mais celle qui nous est présente intelligiblement, issue de l'intelligible, est supérieure au cercle de la génération; par elle nous sommes délivrés de la fatalité et nous obtenons notre montée vers les dieux intelligibles.»

[4] Platon, dans le Timée, distingue en nous trois âmes, c'est-à-dire trois parties d'une seule et même âme. L'âme raisonnable, « principe immortel de l'animal mortel », a été façonnée par le Démiurge lui-même. Les autres âmes furent produites par les dieux subalternes. Cf. Platon, Timée, 41, 42, 43. Chacune de ces âmes a son domaine propre et ses fonctions nécessaires et utiles à l'harmonie du Tout. Cf. Alcinous, De doct. Plat., 23.

[5] « La vertu, dit Plotin, En., I, 8, 13, n'est pas le beau en soi ni le bien par soi, parce que le beau en soi et le bien par soi existent avant elle et au-dessus d'elle, et elle est bonne et belle par participation. De la même manière que celui qui s'élève au-delà de la vertu trouve le beau et le bien : de même, celui qui descend au-dessous du vice trouve le mal en soi; soit qu'il le contemple, soit qu'il devienne mauvais en y participant, il se trouve alors complètement dans la région de la dissemblance et, se plongeant en elle, il fait une chute dans un bourbier obscur. » Voir aussi Théagis, De la vertu, dans les Frag, phil. graec., Didot, t. II, p. 18 sq.

[6] « Considérons donc l'âme, dit Plotin, En., IV, 7, 3, non point telle qu'elle est dans le corps, s'attachant à des désirs et à des excitations déraisonnables, et accueillant toutes autres passions, mais l'âme qui s'en est affranchie et qui, dans la mesure du possible, n'entretient avec le corps aucune liaison, celle-ci montre avec évidence que le vice est surajouté à cette âme, qu'il vient d'ailleurs et que, si elle s'en purifie, les biens les meilleurs, la sagesse et toutes les autres vertus, lui appartiennent en propre. Donc si telle est l'âme lorsqu'elle revient à elle-même, comment ne pas dire qu'elle est de la nature de ce que nous avons dit être divin et éternel ? La sagesse, en effet, et la vertu véritable étant des choses divines, ne peuvent pas se manifester dans une chose vile et mortelle, mais il est nécessaire que ce soit en quelque chose de divin et d'essence identique. Voilà pourquoi celui d'entre nous qui est tel, est peu différent par son âme des êtres d'en haut; il leur est seulement inférieur parce qu'il est dans un corps. Voilà pourquoi, si tous les hommes étaient tels et si la foule était

douée de telles âmes, il n'y aurait pas d'incrédules, car personne ne douterait que son âme ne fût absolument immortelle ».

« Le Dieu et le père de qui l'homme est né, dit le Poïmandrès, est la lumière et la vie. Si donc tu sais que tu es sorti de la vie et de la lumière, et que tu en es formé, tu marcheras vers la vie. »

[7] « L'œil de la pensée, dit Platon, Banquet, 219 A, ne commence d'avoir le regard pénétrant que lorsque les yeux du corps commencent à perdre de leur tranchant. »

Même pensée dans Proclus. « Lorsque la fleur du corps est fléchie, dit-il en son commentaire Sur le premier Alcibiade, V, II, la beauté de l'âme resplendit. »

[8] « Il faut cependant, dit Plotin, En., I, I, 3, placer l'âme dans le corps, soit au-dessus, soit au-dedans de lui, puisque d'elle et de lui est formé ce tout qu'on nomme un animal. Bien que se servant du corps comme d'un instrument, elle n'est pas contrainte d'accueillir en elle les affections du corps, pas plus que l'artisan ne ressent ce que ses outils éprouvent. Mais peut-être faut-il qu'elle en ait la sensation, puisqu'il faut qu'elle connaisse par la sensation les affections extérieures du corps, pour se servir de lui comme d'un instrument. »

[9] Dans son commentaire Sur les Vers d'or des Pythagoriciens, Hiéroclès, expliquant le précepte pythagoricien qui nous enjoint de ne pas négliger la santé de notre corps, s'exprime ainsi : « Ce corps mortel, dit-il, qui nous a été donné comme instrument pour la conduite de notre vie sur la terre, il ne convient ni de l'engraisser par un régime immodéré, ni de l'épuiser par une insuffisance exagérée de soins, car l'un et l'autre excès ont le même inconvénient, et ils ôtent au corps la possibilité de servir à notre utilité. Voilà pourquoi le vers en question nous exhorte à le traiter avec pondération et à ne point le négliger, ni quand éclate sa vigueur, ni quand les maladies l'importunent, afin que, maintenu dans l'état qui lui est naturel, il puisse sans obstacle employer ses facultés au bon service de l'âme qui commande. L'âme, en effet, étant ce qui se sert du corps, et le corps ce dont l'âme se sert, il ne sied pas qu'un artisan n'ait aucun soin de l'instrument qui lui est nécessaire. Il ne faut donc pas vouloir uniquement user du corps, mais il convient aussi, pour qu'il soit en état de toujours bien nous servir, d'avoir pour lui les exigences requises. »

9. DE LA PROVIDENCE, DU DESTIN ET DE LA FORTUNE

La Providence des dieux peut être aussi reconnue par ces faits.[1] D'où procéderait, en effet, l'ordre que l'on voit dans le monde, s'il n'existait rien qui ait pu l'ordonner ? D'où viendrait que tout naît en vue de quelque fin, l'âme irraisonnable, par exemple, afin qu'ait lieu la sensation, et l'âme raisonnable, afin que la terre soit par l'ordre embellie ?.[2] On peut aussi reconnaître, à l'égard de la nature corporelle, le soin de cette Providence. Les yeux sont transparents, en effet, pour être adaptés aux besoins de la vision; le nez est placé au-dessus de la bouche, afin qu'il puisse discerner les odeurs malfaisantes; les dents du milieu sont pointues pour diviser les aliments, et celles du fond élargies pour les broyer.[3] Nous voyons ainsi que tout en toutes choses est disposé conformément à la raison. Or, il est impossible qu'il existe une telle Providence pour s'occuper de ces petites choses, et qu'il n'y en ait point pour s'occuper également des grandes.

Les oracles qui surviennent dans l'univers et les guérisons des corps sont un effet de cette bénéfique Providence des dieux.[4] Une telle sollicitude à l'égard de l'univers, il faut penser que ce sont les dieux qui, sans rien désirer et sans aucune peine, en sont les agents. Mais, de la même manière que les corps en jouissance de leurs activités font ce qu'ils font par cela même qu'ils sont, comme le soleil éclaire et réchauffe par 1e seul fait qu'il existe, ainsi, à plus forte raison, la Providence des dieux s'exerce par elle-même et sans peine et assiste ceux qui s'intéressent au bien.[5] De ce fait les difficultés que soulèvent les Epicuriens sont résolues, car la

Divinité ne saurait, disent-ils, s'embarrasser d'aucune affaire ni en embarrasser les autres.[6].

Telle est la Providence incorporelle qu'exercent les dieux sur les corps et les âmes.[7]. Mais cette Providence qui vient des corps, qui est dans les corps et qui est différente de l'autre, est appelée Destin, parce qu'elle fait apparaître plus clairement dans les corps l'enchaînement des causes.[8] ; c'est au sujet de cette Providence que la mathématique a été également inventée.[9]. Aussi est-il raisonnable et juste de penser que non seulement les dieux, mais que les corps divins conduisent les affaires humaines, et surtout notre nature corporelle. Et voilà pourquoi la raison découvre que la santé et la maladie, 1a prospérité et l'adversité proviennent, selon la dignité de chacun, de cet enchaînement.[10]. Attribuer au Destin, en effet, nos injustices et nos mœurs dissolues, ce serait nous faire passer pour bons et les dieux pour mauvais, à moins qu'on ne veuille dire par là que, dans l'univers entier et chez les hommes qui suivent la nature, tout est disposé pour le bien.[11], mais que la mauvaise éducation ou la faiblesse de la nature tournent en mal les biens que leur envoie le Destin, de la même façon que le soleil, tout en étant bon pour tous, se trouve être nuisible aux ophtalmiques et aux fébricitants.[12]. Pourquoi donc, en effet, les Massagètes dévorent-ils leurs pères; pourquoi les Hébreux se font-ils circoncire, et pourquoi les Perses regardent-ils comme nobles les enfants qu'ils ont de leurs propres mères ?.[13].

Et pourquoi les astrologues tiennent-ils Saturne et Mars pour maléfiques et les font-ils, au rebours, bénéfiques à la philosophie et à la royauté, en rapportant également à eux le commandement des armées et la découverte des trésors? .[14]. S'ils invoquaient les trines et les carrés, il serait absurde de penser que la qualité de la nature humaine restât partout la même et que les dieux changeassent en changeant de positions.[15]. Le fait de pouvoir lire en un horoscope la haute ou la basse extraction de nos pères indique que les astres ne font pas tout, mais qu'ils révèlent seulement certains faits, car comment des faits antérieurs à la naissance pourraient-ils être produits, par ceux qui sont du fait de la naissance?.[16].

Ainsi donc, de la même manière que la Providence et le Destin existent à l'égard des nations et des villes, et existent aussi à l'égard de chaque homme, de même pour eux tous il existe la Fortune, dont il nous reste maintenant à parler.

On appelle donc Fortune, la puissance des dieux appliquée à ordonner pour le bien les divers événements imprévus qui surviennent, et c'est là la raison pour laquelle il convient surtout que les cités rendent à cette déesse un culte public, car toute cité est constituée par un ensemble d'intérêts différents. Cette déesse concentre son pouvoir dans la lune; car, pour ce qui est au-dessus de la lune.[17], rien de fortuit n'arrive. Si les méchants prospèrent et si les bons vivent dans l'indigence, il ne faut pas s'en étonner. Les uns font tout pour avoir des richesses; les autres n'en ont aucun souci. D'ailleurs, la prospérité des méchants ne saurait les arracher à leur méchanceté; et les bons se contenteront de la seule vertu[18].

----

[1] La Providence est l'intelligence divine qui, en tant que suprême principe de tout, prédispose de tout et perpétuellement préétablit l'ordre qui doit conduire chaque chose à sa fin. Aristote, qui avait

défini le monde, Du Monde, 2, « l'ordre et l'arrangement de toutes choses, disposés par Dieu et conservées par Dieu » ajoute dans sa lettre à Alexandre, apud, Stobée, Eclog. phy., I, 6, que « ce qu'au vaisseau est le pilote, le cocher au char, le coryphée au choeur, la loi à la cité et le général à l'armée, Dieu l'est au monde. »

Cette idée de la Providence, écrit Formey, op. cit., p. 84-85, « a été presque généralement admise, comme une conséquence du dogme de l'existence de Dieu, par presque tous les anciens philosophes. Pythagore reconnaît que la Providence s'étend à tout. Les pythagoriciens ont constamment suivi cette doctrine de leur maître. Archytas croyait que ce qu'un général est à une armée, Dieu l'était au monde. Platon pensait si bien sur cette matière, que les anciens Pères croyaient qu'il avait puisé sa doctrine dans les Livres Sacrés. »

Sur la Providence, voir surtout Plotin, En., III, z; Hiéroclès, De la Providence, fragments dans Stobée et Photius, rassemblés par Needham, 1709, et du même, Commentaire sur les Vers d'or. « Ce n'est point de l'extérieur, écrit Proclus, Théol. Plat., I, 15, que les dieux meuvent les choses; ils sont les seules causes de leur essence et ils se chargent de l'hégémonie de ce qu'eux-mêmes ont produit. Mais, comme de l'arrière d'un vaisseau, ils dirigent tout, procurant l'être, arrêtant eux-mêmes la mesure de la vie et répartissant à chaque chose son degré de puissance. »

[2] Nous embellissons la terre en secondant les dieux pour faire régner sur elle la beauté qui rayonne de l'intelligence et de l'ordre. Sur l'ordre de l'univers, cf. Plotin, En., II, 3; III, 2; IV, 3.

[3] Socrate, d'après Xénophon, Memor., I, 4, employait les mêmes arguments qu'emploie ici Salluste pour justifier l'idée qu'il se formait de la Providence des dieux.

« N'est-ce pas une merveille de la Providence, disait-il à l'indifférent Aristodème, que nos yeux, organe faible, soient munis de paupières qui, comme deux portes, s'ouvrent au besoin, et se ferment durant le sommeil; que ces paupières soient garnies de cils qui, pareils à des cribles, les défendent contre les fureurs des vents; que des sourcils s'avancent en forme de toit au-dessus des yeux, pour empêcher que la sueur ne les incommode en découlant du front; que l'ouïe reçoive tous les sons, sans se remplir jamais; que chez tous les animaux les dents antérieures soient tranchantes, et les molaires propres à broyer les aliments reçus des incisives ? Que dirai-je de la bouche, qui, destinée à recevoir ce qui excite l'appétit de l'animal, est placée près des yeux et des narines ? Comme les déjections inspirent le dégoût, n'en a-t-elle pas éloigné les canaux, qu'elle a placés aussi loin qu'il est possible des plus délicats de nos organes. Ces ouvrages faits avec une telle prévoyance, tu doutes s'ils sont le fruit du hasard ou d'une intelligence ? »

Sur la Providence que manifeste l'ordre céleste, cf. Julien, Sur le Roi Soleil, 5. Sur la structure du corps, cf. Galien, De usu partium. Ces arguments de Salluste mettent en évidence son intention de frapper les esprits du commun.

[4] « En admettant les divinations et les guérisons extraordinaires, les païens reconnaissaient, écrit justement Formey, op. cit., p. 88, outre la Providence générale, une Providence particulière qui intervient dans certains cas, et qui fournit aux hommes des secours surnaturels, tant pour l'âme que pour le corps. »

Proclus, Sur le Timée, I, 49, attribue à Athèna, personnification de l'intelligence divine et de la Providence, le don de prophétie et le don de guérison.

« Si l'âme, écrit Jamblique, Sur les Mystères, III, 3, en s'élevant vers les dieux qui en sont les causes, rejoint les raisons de ce qui devient, elle reçoit d'eux la puissance et la capacité conjecturale de connaître ce qui a été et ce qui sera. Elle se donne la contemplation de tout le temps, elle voit les actes de tout ce qui arrive dans le temps et participe à leur ordonnance, à leur surveillance et à leur redressement opportun. Elle guérit les corps malades, elle soumet au bon ordre tout ce qu'il y a dans les hommes d'exagéré et de désordonné, et souvent elle communique les inventions des sciences, la distribution de la justice et l'établissement des lois. Ainsi, dans le temple d'Asclèpios, les maladies sont arrêtées par les songes divins. La médecine a été constituée à l'aide des songes sacrés par l'observation des apparitions qui ont lieu dans la nuit. L'armée entière d'Alexandrie, menacée pendant la nuit d'une destruction complète, fut sauvée par l'apparition de Dionysos, dans un songe, et par l'indication qu'il donna pour remédier à cette irréparable calamité. Aphutis, assiégée par le roi Lysandros fut sauvée par des songes qu'envoya Ammôn; l'ennemi retira promptement son armée et promptement leva le siège. »

[5] Cette idée qu'il n'en coûte aucun effort aux Dieux pour gouverner le monde est un corollaire du dogme de l'éternité du monde. En effet, s'il est essentiel à la Divinité d'avoir produit le monde, il lui doit

être également essentiel de le conserver par le continuel effet de la bonté créatrice. « Les dieux, dit Proclus, Inst. Théol., 122, ne sont rien autre que bonté; par le fait même qu'ils sont, ils impartissent les biens largement à tous. Ils ne font point cette répartition par raisonnement; mais ceux-ci y ont part selon leur dignité et ceux-là la font en vertu de leur essence. Ils exercent donc leur Providence sans rencontrer aucune résistance à l'égard des sujets sur lesquels leur Providence s'exerce. Par le fait même qu'ils sont ce qu'ils sont, ils font tout pour le bien. Or, tout ce qui fait quelque chose en vertu de son être, le fait irrésistiblement. » Que personne ne pense, ajoute encore Proclus, Théol. Plat., II, 15, « qu'une telle Providence puisse faire une vie fatigante et pénible aux dieux qui sont si loin des difficultés inhérentes aux mortels. Leur béatitude ne veut pas être souillée par la difficulté de ce gouvernement... Rien, en effet, de tout ce qu'il fait en accord avec sa propre nature, n'est pénible â personne. » Voir aussi Plotin, En., II, 9.

[6] Voici le texte d'Épicure auquel Salluste fait ici allusion. Nous le citons d'après la traduction qu'en fit Maurice Solovine, dans Épicure, doctrines et maximes, p. 83. « L'être bienheureux et immortel ne s'embarrasse d'aucune affaire et n'en procure pas aux autres, de sorte qu'il ne manifeste ni de la colère, ni de la bienveillance : tout cela est le propre de la faiblesse. » Cf. Cicéron, De Nat. Deor., I, 17; Diogène Laerte, X, 139- Julien, Lettre 89B, défend aux prêtres la lecture des traités d'Épicure, dont la plupart, dit-il, « par un bienfait des dieux avaient déjà disparu. » Sur le bannissement d'Épicure du syncrétisme alexandrin, cf. Bidez, Vie de l'empereur Julien, p. 68, 206.

[7] Cette Providence incorporelle ou intelligible est celle qui s'exerce sur les âmes raisonnables et sur les corps divins que sont les astres. De là, par l'intermédiaire de ces astres, elle se prolonge dans le monde sensible pour y régler le devenir, le conditionner aux exigences immuables de l'éternel intelligible et impartir aux êtres, selon leur dignité, le destin qu'ils méritent.

[8] Le Destin est la jonction dans le présent des effets du passé avec les causes qui, provenant de ces effets, détermine l'enchaînement de ce qui fut avec ce qui doit être. Aussi, est-ce avec raison que Salluste associe l'idée de Destin, éimarméné, avec celle d'enchaînement, éirmos. Cet enchaînement, comme le remarque Salluste, est plus tangible dans le monde sensible. Sur la Providence et le Destin, voir en particulier l'opuscule déjà cité d'Hiéroclès, De la Providence et du

Destin; Alexandre d'Aphrodisios, De la liberté et du hasard, et aussi Plotin, En., III, I.

[9] Cette mathématique est ici la mathématique céleste, ou science astrologique. Cette science comprenait non seulement ce que nous entendons par astronomie, c'est-à-dire la science du ciel et des phénomènes célestes, mais aussi l'astrologie proprement dite, c'est-à-dire la science de la divination par les astres et de l'examen horoscopique. Sur le nom de mathématiciens que portaient les devins et les faiseurs d'horoscopes, cf. E. Bréhier, Les idées philosophiques et religieuses de Philon d'Alexandrie, p. 165-170.

L'astrologie était appelée la science des Chaldéens. « Ayant observé les astres depuis les temps les plus reculés, écrit Diodore de Sicile, II, 30, les Chaldéens en connaissent exactement le cours et l'influence sur les hommes et prédisent à chacun l'avenir. - Les astres, ajoute-t-il, op. cit., II, 31, influent beaucoup sur la naissance des hommes, et décident du bon et du mauvais destin. » - Croyant, comme Philon, « qu'il n'y a pas de choses terrestres dont les signes ne soient au ciel », ils enseignaient aussi, écrit Hoefer, Histoire de l'Astronomie, p. 76, « que le monde est éternel, qu'il n'a jamais eu de commencement et qu'il n'aura jamais de fin. Selon leur philosophie, l'ordre et l'arrangement de la matière sont dus à une Providence divine; rien de ce qui s'observe au ciel n'est l'effet du hasard; tout s'accomplit par la décision souveraine des dieux. »

Sur l'astronomie grecque, et sur l'indication des principaux ouvrages relatifs à cette science, cf. A. Diès, Autour de Platon, t. I, p. 6-8.

[10] Pour Hiéroclès, Commentaire sur les Vers d'or, les afflictions ne sont pas aux hommes distribuées au hasard, et le sort de chacun est en raison de son mérite. Bon ou mauvais notre sort est punition ou récompense de nos actes passés. La Loi de Dieu, écrit-il, « ne punit pas simplement l'homme en tant qu'homme; elle le punit comme méchant. Or, c'est le libre choix de sa volonté qui est la cause première de ce qu'un homme se corrompt. Quand il s'est corrompu - ce qui vient de lui et non point de Dieu - il reçoit alors le châtiment qu'il mérite, et ce châtiment ne dépend point de lui, mais de la Loi divine.»

[11] Tous les dieux, dit aussi Porphyre, Sur les Mystères, I, 18 « sont bienfaisants et causes de biens; ils ne regardent que vers le bien et ils évoluent uniquement autour du bien et du beau. » Pour nous, ajoute-t-il, op. cit., IV, 4, en cherchant à expliquer comment il se fait que

certains justes, crus justes par les hommes, en arrivent à souffrir « pour nous qui avons la vue courte, nous ne considérons que les choses présentes et quelle est et comment se comporte la vie actuelle. Mais les Êtres qui nous sont supérieurs voient la vie entière de l'âme et ses existences antérieures; et, s'ils infligent une peine, ils ne l'appliquent point en dehors de la justice, mais en atteignant alors les fautes commises dans les existences antérieures par l'âme de ceux qui sont châtiés. Les hommes ne considérant point cela pensent qu'ils tombent injustement dans les malheurs qu'ils subissent. » Il ne faut donc pas accuser les dieux de nos maux, car possédant le bon par essence, ils ne peuvent se porter à aucune injustice.

[12] Attribuer nos afflictions aux Causes premières, c'est comme si, dit Jamblique, op. cit., I, 18, « quelque malade de corps et ne pouvant supporter la vivifiante chaleur du soleil, osait mensongèrement affirmer, prétextant de son mal personnel, que le soleil n'est pas utile à la santé et à la vie. »

[13] Sur l'habitude qu'avaient les Massagètes de dévorer leurs pères, cf. Porphyre, Sur l'abstinence, IV, 21. Sur les enfants que les Perses avaient de leurs mères, cf. Eusèbe, Prép. Evang., VI, 16; Philon, De spec. leg., III, 3; Julien, Contre les Galiléens, 4. Julien explique comme Salluste la différence dans les usages et dans les lois des nations. « Il est constant, écrit-il, op. cit., 2, que les lois correspondent à la nature respective des peuples chez lesquels elles ont été établies. Politiques et humaines chez ceux qui sont doués d'humanité, elles sont dures et sauvages chez ceux qui ont un naturel tout à fait différent des premiers. » Mais pourquoi cette différence de nature ? Le même Julien, op. cit., I, va nous rendre plus claire l'explication trop concise que nous en donne Salluste. « Nos auteurs nous disent, p. 329 de la traduction Talbot, que le Créateur de l'univers est le père et le roi commun, qu'il a distribué le reste des nations à des dieux protecteurs des nations et des villes, et que chacun deux exerce spécialement les fonctions qui lui sont dévolues. En effet, tout étant parfait dans le Père et composant un tout absolu, il y a dans les parties une puissance qui reçoit des applications relatives. Mars préside aux actes guerriers des nations, Minerve est la déesse de la prudence et de la guerre, Mercure leur apprend la ruse plutôt que l'audace; en un mot chaque nation obéit à l'ascendant particulier de celui des dieux qui est chargé de veiller sur elle. De tout temps l'expérience a confirmé ce que nous disons... Dites-moi pourquoi les Celtes et les Germains sont braves; les Grecs et les Romains polis

avant tout et civilisés, mais cependant fiers et belliqueux; les Égyptiens plus avisés et plus industrieux; les Syriens peu propres à la guerre, mous, avec un mélange d'esprit, de chaleur, de légèreté et de facilité à apprendre ? Si l'on ne voit pas la cause de cette différence entre les nations, et si l'on soutient que tout cela est l'effet du hasard, comment croira-t-on que le monde est gouverné par une providence ? »

Pour Julien, comme pour Salluste, les peuples reproduisaient constamment, par leur caractère spécial et particulier, la nature des divinités qui les dirigeaient. Cf. Bidez, Vie de Julien, p. 307-309. Sur la Providence des lieux, cf. Jamblique, Op. Cit., V, 24

[14] Sur les influences astrologiques de Saturne et de Mars, bénéfiques ou maléfiques selon la situation qu'ils occupent par rapport aux diverses planètes et aux signes zodiacaux, cf. Jamblique, Sur les Mystères, I, 18; Servius, Ad. Aen., IV. 610; Firmicus, Math., III, 2, 18; IV, 21, 2; Manéthon, Apotel., III, 18 Sq., 61 sq.

[15] Si les trines et les carrés, c'est-à-dire les positions que prennent les planètes par rapport au zodiaque et aux autres planètes, étaient les véritables causes de ce que l'horoscope présage, les astres seraient inférieurs à la nature humaine, car, celle-ci restant identique partout, ce seraient les astres qui, en changeant de position, changeraient de nature. En astrologie, les trines sont bénéfiques, les carrés maléfiques. Pour Plotin aussi, En., III, 2, 7, les astres ne déterminent pas, mais ne font qu'indiquer les événements.

[16] Origéne, dans Eusebe, Prépar. Evang., VI, 192, dit aussi que les astres ne sont pas les auteurs des événements, mais qu'ils n'en sont que les signes. Par la raison même, ajoute-t-il, que les astrologues découvrent la vérité sur les faits antérieurs, il est évident que ce ne sont pas les astres qui les ont causés, puisque les astres qui indiquent les événements d'aujourd'hui n'occupaient pas la même position lorsque se sont produits les événements antécédents qu'ils signalent. Tout ce qui produit une action, doit en effet, dans l'ordre des temps, précéder l'action produite.

[17] La Fortune ne joue que sur tout ce qui est soumis à la génération, c'est-à-dire à ce qui est situé au-dessous de la lune. Au-dessus, c'est la résidence des dieux célestes perpétuellement bienheureux, et des âmes complètement libérées. Cf. Vita Pyth., ap. Photius, Bibl. 249; Hiéroclès, op. cit., p. 334.

[18] Sur cette idée stoïcienne que la vertu suffit au bonheur, cf. Diogène Laerte, Vie de Chrysippe. Voir aussi Bréhier, Chrysippe, p. 217 sq.

10. DE LA VERTU ET DU VICE

Pour parler de la vertu, il est besoin de se rappeler ce qui a été déjà dit au sujet de l'âme. Lorsque l'âme irraisonnable pénètre en effet dans les corps, elle y fait naître aussitôt l'élan vital et l'appétit concupiscible. Lorsque l'âme raisonnable s'y fixe, elle fait que l'âme alors de trois parties se compose : de raison, d'élan vital et d'appétit concupiscible.[1]. La vertu donc est la sagesse de la raison; la vaillance, celle de l'élan vital; la modération, celle de l'appétit concupiscible, et la justice, celle de l'âme totale. Il appartient à la raison, en effet, de discerner ce qui sied; à l'élan vital, d'obéir à la raison et de mépriser ce qui semble effrayant; à l'appétit concupiscible, de poursuivre, non pas ce qui paraît délectable, mais ce qui est conforme à la raison.[2]. Toutes choses allant ainsi, la vie devient d'un équilibre parfait.[3]. La mesure que l'on garde vis-à-vis des richesses n'est qu'une petite partie de la vertu. Voilà pourquoi il n'est possible de voir l'ensemble de toutes les vertus que chez les hommes qui ont été formés. Chez les ignorants, l'un est courageux, mais injuste; l'autre retenu, mais incompréhensif, et ce dernier sensé, mais dévergondé. Or, il ne convient pas d'appeler ces qualités des vertus; elles manquent de raison, sont imparfaites et se rencontrent aussi chez quelques animaux. Le vice apparaît dans le contraire des vertus. L'incompréhension est le vice de la raison; la lâcheté, celui de l'élan vital.[4] ; le dévergondage, celui de l'appétit concupiscible, et l'iniquité, celui de l'âme tout entière. Les vertus naissent du bon gouvernement des États, d'une bonne éducation et d'une saine instruction.[5]. Les vices s'engendrent des contraires.

---

[1] La division des vertus que va nous donner Salluste est basée sur la division tripartite de l'âme. Cette division, adoptée par la plupart des sages de l'antiquité, est communément attribuée à Platon. « Nous avons dit souvent, écrit-il en effet dans Timée 89 B, qu'il y a trois espèces d'âmes qui ont reçu en nous trois demeures différentes, et que chacune d'elles a des mouvements propres. » Mais, nous dit Hippolyte, Philosophumena, V, 7, « ce furent les Assyriens les premiers qui crurent que l'âme est à la fois tripartite et une. » Cf. Aristote, Topiques, 133 A; Plutarque, De plac. Phil., IV, 4.; Apulée, De la doct. de Platon, I; Proclus, Sur la Répub., dissert. 32. Sur le rapport des trois parties de l'âme avec les trois vertus qui doivent les conduire sous le signe de la Justice, Cf. Platon, De la République, liv. IV.

[2] « L'âme, dit Théagis, philosophe pythagoricien, De Virtute, 2, est ainsi constituée. L'une de ses parties est la raison; l'autre la vitalité, et la troisième le désir. La raison préside à la connaissance; la vitalité, à la force, et le désir, à la faculté de convoiter. Lorsque toutes ces parties se rejoignent en une et constituent une harmonie totale, alors la vertu et la concorde naissent dans l'âme. Mais, lorsqu'elles entrent en dissension et se séparent les unes des autres, alors le vice et la discorde apparaissent dans l'âme. Il est nécessaire que la vertu possède ces trois choses : la raison, la puissance et la volonté. La prudence est la vertu de la partie rationnelle de l'âme; car la prudence est un état critique et spéculatif. La bravoure est la vertu de la vitalité, car la bravoure est un état de résistance et d'endurance dans les moments terribles. La tempérance est la vertu du désir, car la tempérance est vis-à-vis du corps, la mesure et la maîtrise du plaisir. La justice est l'ensemble harmonieux de l'âme toute entière. »

[3] Cet équilibre parfait est le résultat de la Justice. « La justice, dit en effet Alcinous, De Doct. Plat., 28 est l'accord de toutes les vertus (rationnelles, vitales et convoitantes), les unes avec les autres. C'est une puissance selon laquelle les trois parties de l'âme s'accordent et s'harmonisent les unes avec les autres. » Dans les Définitions, attribuées à Platon, la justice est ainsi définie : « L'harmonie de l'âme avec elle-même, l'ordre parfait des parties de l'âme entre elles et en tout ce qui concerne leurs relations réciproques. » La même doctrine

se trouve dans Hiéroclès. « il y a, écrit-il dans son Commentaire sur les Vers d'or, p. 118-119 de notre traduction, plusieurs espèces de vices. Le vice qui s'attaque à ce que nous avons de raisonnable est la déraison; celui qui s'en prend à ce que nous avons de vital est la lâcheté, celui qui s'en tient à ce que nous avons de concupiscible est l'amour du plaisir et l'amour des richesses, et le vice qui s'en prend à toutes les puissances qui constituent notre âme, est l'injustice. Pour nous détourner de tous ces vices, nous avons besoin de quatre vertus : de la Prudence pour la partie raisonnable, du Courage pour la partie vitale, de la Tempérance pour la vertu concupiscible, et, pour la commune sauvegarde de toutes les puissances qui constituent notre âme, nous avons besoin de la Justice, car la Justice est la plus parfaite de toutes les vertus; celle qui, comme ses propres parties, comprend toutes les autres. » Cf. Platon, Rép., IV, 3, q.; Aristote, Eth. Nicom., V, I; Porphyre, Sent., 34

[4] « Personne, dit Alcinous, op. cit., 28, ne peut voir le bien s'il est obscurci par la crainte et par les troubles qui accompagnent la crainte. »

[5] « L'inéducation, dit Porphyre, Ad Marcel., 9, est la mère de toutes les passions. » Mais, comme le dit le pythagoricien Hippodamos de Thurium, dans les fragments de son livre, De la félicité, que Stobée nous a conservés et qui ont été recueillis par Mullach, Frag. Philos., t. II, p. 10, Didot, « il ne faut pas seulement apprendre la vertu, il faut encore la posséder et l'employer à la sauvegarde, au développement simultané, et, ce qui est le plus important, à l'amélioration du bien particulier et public. Il ne faut pas se contenter en effet de la seule possession du beau, il faut aussi savoir le faire servir à notre utilité. Tout cela se produira, si un homme a la chance de rencontrer une cité sainement administrée. J'affirme que c'est rencontrer là la corne que l'on dit appartenir à Amalthée. Tout se trouve en effet dans une saine administration; sans elle, le plus grand bien de la nature humaine ne peut pas apparaître, ni, une fois apparu, s'accroître et persister. »

11. Du judicieux et du vil gouvernement

Les gouvernements se constituent aussi conformément aux trois parties de l'âme. Les chefs correspondent à la raison; les soldats, à l'élan vital, et les peuples aux appétits concupiscibles.[1] Là où tout est régi par la raison et où gouverne le meilleur de tous, c'est l'état monarchique.[2] Là où tout est conduit par la raison et par l'élan vital et où gouverner n'est pas le fait d'un seul, c'est l'aristocratie qui se trouve établie. Là où, enfin, les peuples sont dirigés par l'appétit concupiscible et où les charges sont en raison des richesses, un tel gouvernement est dit timocratique.[3] Le contraire de la monarchie est la tyrannie, parce que, si la monarchie agit toujours conformément à la raison, la tyrannie ne fait rien de conforme à la raison. Le contraire de l'aristocratie est l'oligarchie, car alors ce ne sont pas les meilleurs, mais le petit nombre et les pires qui gouvernent. Le contraire enfin de la timocratie est la démocratie, car ce ne sont plus alors ceux qui ont des richesses, mais c'est la multitude qui est la maîtresse de tout.[4]

---

[1] Cette division des gouvernements selon la division tripartite de l'âme est d'origine pythagorico-platonicienne. Platon, en effet, dans le 4e livre de sa République, divise les castes ou les ordres de son État selon les trois vertus correspondant aux trois parties de l'âme. Les juges correspondent à la raison élective; les guerriers à l'appétit irascible ou à l'élan vital; les mercenaires à l'appétit concupiscible. L'État est juste, lorsque chacun des trois ordres de citoyens qui le composent remplit uniquement et uniformément la tâche qui lui est propre. La justice, en effet, couronnement royal de toutes les vertus civiles et politiques, est le principe qui donne à la Tempérance, au Courage et à la Prudence, la puissance de naître, et qui, après leur

naissance, conserve ces vertus en leur intégrité, et maintient, tant qu'il demeure avec elles, la stabilité et l'harmonie de l'État. Comme dans la nôtre, écrit Plotin, En., IV, 4, 17, « dans l'âme de l'univers, c'est un seul et même principe qui agit uniformément. L'incertitude et le changement n'appartiennent qu'à l'ensemble de nos facultés; la droite raison venue de la partie supérieure de l'âme et se livrant à l'ensemble de l'âme est affaiblie, non en elle-même, mais parce qu'elle est mélangée aux autres; elle est comme le bon conseiller dans la foule bruyante d'une assemblée; ce n'est pas sa parole qui domine, c'est le tumulte et les cris des médiocres; assis en silence, il ne peut rien et il est vaincu par le bruit des méchants. Chez le pervers domine la foule, et l'homme résulte alors de toutes ces forces mal gouvernées. L'homme moyen est comme une cité où un bon élément domine et qui jouit d'un gouvernement démocratique sans excès; s'il progresse vers le mieux sa vie ressemble à un gouvernement aristocratique, parce qu'il échappe à l'influence de l'ensemble des facultés et se laisse diriger par les meilleures. L'homme tout à fait vertueux, sépare des autres la puissance unique qui commande et qui met de l'ordre dans les autres. » Trad. Bréhier. Voir aussi Olympiodore, Sur le Gorgias, 11, 32.

[2] C'est un lieu commun de la sagesse antique, que la monarchie, pour employer les expressions de Plutarque, An senes respublica., XI, « est la plus parfaite et la plus haute forme de gouvernement. » Sur le roi, tel que le concevait le pythagoricien Diotogène, voir les fragments de son livre Sur la Royauté, qui ont été rassemblés par Mullach, p. 332-336 du t. I de ses Frag. phil., Didot. « Ce que Dieu est au monde, dit-il, le roi doit l'être à la cité, et ce que la cité est au monde, le roi doit l'être à Dieu. La cité en effet étant un composé de choses multiples et diverses, doit imiter l'ordre et l'harmonie du monde, et le roi, en tant qu'il possède l'autorité et qu'il est lui-même la loi vivante, doit représenter Dieu parmi les hommes. » Sur la royauté conçue par Socrate comme une autorité traditionnelle à laquelle les peuples obéissent de leur propre consentement, cf. Xénophon, Mem., IV, 6; voir aussi du même, Hiéron. Sur les qualités qui font un bon roi, cf. Julien, Second Panégyrique, 27-33.

[3] Sur la façon dont l'aristocratie dégénère en timocratie, ou gouvernement fondé sur l'ambition, dont la timocratie aboutit à l'oligarchie, ou gouvernement de la minorité possédante, dont l'oligarchie dégénère en démocratie, et la démocratie, par son excès de liberté, en cet excès de servitude que l'on appelle la Tyrannie, cf.

Platon, Répub., VIII-IX. La tyrannie dit julien, lettre 80, trad. Talbot « ne voit que son intérêt propre; la royauté considère le bien des gouvernés. »

4 Sur la démocratie, pourvoyeuse fatale de l'exécrable mais nécessaire tyrannie, et « régime qui boit la liberté jusqu'à l'ivresse, et qui établit l'égalité entre les choses inégales comme entre les choses égales », cf. Platon, Répub., VIII,,4-5, p. 331 sq. la traduction Bastien. « Celui qui vit au sein de la démocratie, dit Olympiodore, Sur le Gorgias, 32, doit avoir l'appui d'un dieu; aussi Socrate était-il préservé par un dieu, et c'est ainsi qu'il maintenait son divin caractère. »

12. D'OÙ VIENNENT LES MAUX, ET QUE LA NATURE DU MAL N'EXISTE POINT

Mais comment se fait-il, si les dieux sont bons et s'ils produisent tout, que les maux soient entrés dans le monde ? Ne faut-il pas tout d'abord alléguer que, puisque les dieux sont bons et qu'ils font tout dans le monde, que la nature du mal n'existe point, et que le mal ensuite provient de l'absence du bien, de la même façon que l'obscurité, qui n'existe point par elle-même, naît de l'absence de la lumière ?[1] Il serait de plus nécessaire, si le mal existait, qu'il se rencontrât, soit chez les dieux, soit dans les intelligences, soit dans les âmes, soit enfin dans les corps. Mais il n'est pas chez les dieux, puisque tout dieu est bon[2]. Si quelqu'un affirmait que l'intelligence est mauvaise, il prétendrait que l'intelligence est inintelligente. S'il disait que l'âme est mauvaise, il la ferait pire que le corps, car tout corps par soi-même n'a rien de mauvais. S'il avançait enfin que le mal naît et de l'âme et du corps, il proférerait une absurdité, car deux choses séparées dont chacune est bonne, ne peuvent pas engendrer le mal par leur union. Mais si l'on disait qu'il existe de mauvais génies[3], ces génies, s'ils tiennent leurs existences des dieux, ne sauraient être mauvais, et si, d'autre part, ils la tiennent d'ailleurs, il en résulte que ces dieux ne font pas tout. Or, s'ils ne font pas tout, ou bien, le voulant ils ne le peuvent pas, ou bien, le pouvant ils ne le veulent pas, et ni l'un ni l'autre ne convient à Dieu[4]. En conséquence, par ce qui vient d'être dit, on peut voir qu'il n'existe rien dans le monde de mauvais par nature. Quant aux actions des hommes[5], si le mal y apparaît, ce n'est pas dans celles de tous les hommes ni de façon perpétuelle.

Partant, si les hommes faisaient le mal pour le mal, leur nature elle-même serait mauvaise. Mais celui qui commet l'adultère regarde l'adultère comme un mal et le plaisir comme un bien; le meurtrier considère le meurtre comme un mal et l'argent comme un bien, et celui qui fait du tort à son ennemi sait que faire du tort est un mal, mais il regarde comme un bien de se venger de son ennemi. Et c'est ainsi que l'âme faute toujours. Le mal naît par le bien, tout comme naissent, par la lumière absente, les ténèbres, qui n'ont pas d'existence réelle. L'âme faute donc parce qu'elle convoite le bien, et si elle s'égare au sujet du bien, c'est qu'elle n'est pas une essence première.[6]. Pour l'empêcher de s'égarer et la ramener lorsqu'elle s'est égarée, les dieux, on peut s'en rendre compte, ont pris une infinité de soins. Les arts, en effet, les sciences, les vertus, les prières et les sacrifices, les initiations, les lois et les gouvernements, les jugements et les peines ont été créés pour empêcher les âmes de commettre des fautes. Et, lorsqu'elles sortent du corps, des dieux et des génies purificateurs les purifient des fautes qu'elles ont commises.[7].

---

[1] Dieu, qui par bonté a créé le monde nous disent Salluste et Platon, ne peut faire le mal ni vouloir qu'on le fasse. S'il gouverne le monde, il ne peut pas y tolérer le mal. D'où vient donc que le mal y soit. La position que prend Salluste vis-à-vis du problème du mal, après avoir été, pour ne parler que des sages de son temps, celle de Julien, de Proclus, de Jamblique et d'Hiéroclès, est celle qui dans la suite a prévalu dans la théologie. Le mal n'existe point par lui-même; il n'est et ne peut être que la privation du bien. La privation existe, lorsqu'il manque à un être donné quelque chose d'essentiel à la réalité parfaite qu'il doit être. Or, le bien étant ce par quoi nous concevons la perfection essentielle d'un être, si cet être peut

manquer de perfection, il ne saurait jamais logiquement recevoir une essence contraire à celle qui constitue la réalité de son être.

2 Il est évident, dit Porphyre, Sur les Mystères, IV, 6, en parlant des injustices que nous pouvons être incités à commettre, « que ce n'est point les dieux qu'il faut en accuser. Les bons ne font que du bien et ne sont nullement les responsables du mal. Les dieux par essence possèdent le bien et ne font aucune injustice. Il nous faut donc chercher d'autres causes à ces injustices. Si nous ne sommes point capables de les trouver, il ne faut point pour cela rejeter notre véritable sentiment sur les dieux ni, dans le doute où nous sommes quant à l'origine et à la façon dont arrivent ces maux, nous écarter de l'opinion réellement évidente au sujet des dieux. Il vaut beaucoup mieux reconnaître et avouer l'insuffisance de nos forces, à savoir comment se produit le mal, que d'accorder au sujet des dieux un impossible mensonge à l'égard duquel tous les Hellènes et tous les Barbares professent à juste titre la même aversion. « Les dieux, dit encore Démocrite, frag. 175, Dieux, jadis comme aujourd'hui, donnent tous les biens aux hommes, et jamais les dieux, jadis comme aujourd'hui, ne donnent aux hommes ce qui leur est mauvais, nuisible et inutile. Ce sont les hommes eux-mêmes qui, par l'aveuglement de leur intelligence et par leur ignorance, vont au-devant de ces maux. » Cf. Proclus, Sur le Timée, 123; Maxime De Tyr, Dissert., XXV.

3 Le génie, pour Plotin, En., III, 4, 5, 6, est la puissance immédiatement supérieure à celle qui domine présentement en l'âme. Toutes les âmes désirant par nature et le bien et le beau, engendrent des génies qui les y portent. De tels génies ne sauraient être mauvais, puisque leur fonction est d'amener chaque être à sa fin, de le compléter et de le coordonner à l'intérêt du Tout.

4 Sur cette question des mauvais génies ou des démons, on peut, écrit J.-A. Hild dans son Étude sur les démons, p . 314, « partager en deux camps les défenseurs de l'Hellénisme. Il y a ceux qui, fidèles à la doctrine platonicienne et aux traditions nationales, ne connaissent que les bons démons; puis ceux qui, à la suite de Xénocrate et de Plutarque, admettent également les mauvais et les opposent aux dieux. Chez les uns, comme Apulée et Maxime de Tyr, ils fournissent un thème à des dissertations ingénieuses; chez les autres, comme Plotin et Proclus, ils se transforment en ressources métaphysiques, en substances intermédiaires, ressuscitées par besoin de symétrie, et

hiérarchiquement disposées aux divers degrés de la réalité sensible ou rationnelle. Chez Porphyre et surtout chez Jamblique, ils président à la magie et aux pratiques théurgiques. » Sur les idées de Porphyre, cf. Proclus, Sur le Timée, I, p. 24, 53; Eusèbe, Prép. Evang., IV. 15, 22, 32; Porphyre, Sur l'abstinence, II, 38-42. Sur celles de Jamblique, Jamblique, Sur les Mystères, III, 31; IV, 6, 7, 8, 9, 10.

[5] Le mal, dit Proclus, Sur le Timée, 115, « n'existe pas dans les intelligences, car l'intelligent est imperversible. Il n'existe pas dans les âmes universelles, ou dans les corps universels, car tout ce qui est universel, en tant qu'il est éternel et toujours selon la nature, est imperversible. Il reste donc que le mal soit dans les âmes particulières, ou dans les corps particuliers. Mais il n'est pas dans leurs essences, car toutes leurs essences viennent de Dieu. Il n'est pas non plus dans leurs facultés, car leurs facultés sont selon la nature. Il reste donc qu'il soit dans leurs activités. Mais, dans les âmes, il n'existe pas dans les âmes raisonnables, car toutes ces âmes sont portées vers le bien. Il n'existe pas non plus dans les âmes irraisonnables, car celles-ci agissent selon la nature; mais il existe dans le rapport qui unit les unes avec les autres. Dans les corps, il n'est pas dans la forme car la forme veut dominer la matière. Il n'est pas non plus dans la matière, car celle-ci désire être ordonnée par la forme; mais il est dans le manque de rapport de la forme avec la matière. Il est donc évident par-là que tout mal est en dehors de l'essentialité, qu'il naît qu'autant qu'il se colore de la qualité du bien, puisque toutes choses sont bonnes par le bon vouloir de Dieu et qu'il n'est rien qui ne soit, selon sa puissance, dénué de bien. »

[6] L'âme, en effet, n'est pas une essence première; ce qui veut dire, pour employer le langage d'Hiéroclès, qu'elle n'est pas un de ces Dieux Immortels qui, dit-il dans son Commentaire sur les Vers d'or, p. 48 de notre traduction, « ne meurent jamais à la félicité de la vie divine et n'oublient jamais ni leur essence propre, ni la bonté du Père qui les créa. Ils ont toujours, en effet, et de la même manière, les mêmes pensées sur le Dieu qui les créa; toujours attachés au bien qui en découle, ils en reçoivent toujours, indivisiblement et immuablement, la vie et la félicité, et ils sont comme les images immodifiables et incorruptibles de la cause qui les engendra. L'âme humaine par contre, est soumise à des vicissitudes diverses, suivant qu'elle se fait de Dieu une juste pensée, qu'elle prend conscience de sa dignité propre, ou qu'elle oublie totalement l'un et l'autre. Voilà

pourquoi les âmes des hommes pourraient à bon droit être appelés Dieux mortels, car elles meurent parfois en s'éloignant de Dieu, et mourir, pour une essence raisonnable, est s'éloigner de Dieu et de l'intelligence. » Ainsi donc, écrit Formey, op. cit., p.177 en commentant ce passage de Salluste : « il n'y a, selon lui, à proprement parler point de mal dans le monde, parce que ce n'est jamais l'idée du mal qui détermine les hommes, et que, dans les actions atroces, c'est toujours l'apparence de quelque bien qui leur sert de motif. Mais d'où viennent leurs erreurs sur la nature du bien ? Elles viennent uniquement de privation, d'ignorance, de ténèbres, de ce que l'idée lumineuse du souverain bien leur manque. »

[7] « Tout ce qu'il y a de biens, écrit Julien, Second Panégyrique, 29, purs du mélange d'éléments contraires et créés pour l'utilité commune des mortels, est venu et provient encore du roi des Dieux, tandis qu'il n'a point produit de maux, ni présidé à leur existence; il les a bannis du ciel, et, quand il les a vus se répandre sur la terre et s'attacher à la colonie d'âmes venues d'en haut, il a préposé pour les juger et pour les détruire, et ses fils et leurs descendants (les génies). Or, parmi ces fils, les uns sont les sauveurs et les protecteurs du genre humain; les autres, des juges inexorables, qui infligent un châtiment sévère aux hommes vivants ou dégagés des liens du corps; d'autres, exécuteurs des vengeances et bourreaux des condamnés, constituent la tribu des démons pervers et insensés. » Sur les esprits vengeurs infernaux, cf. Rohde, Psyché, Appendice, p. 607-613 de la traduction française.

13. COMMENT PEUT-ON DIRE DES CHOSES ÉTERNELLES QU'ELLES SONT PRODUITES ?

Touchant les dieux, l'univers et les choses humaines, ce que nous avons dit suffit à ceux qui ne sont pas capables d'approfondir l'étude de la philosophie et dont les âmes ne sont pas incurables. Il reste à expliquer comment toutes ces choses n'ont jamais commencé et ne se sont jamais les unes des autres séparées.[1], puisque nous aussi nous avons affirmé que les choses qui viennent en second rang ont été produites par celles du premier.[2]

Tout ce qui commence parvient à l'être par l'entremise de l'art, de la nature, ou d'une puissance propre.[3] Or, les créateurs qui produisent par l'entremise de l'art ou de la nature doivent nécessairement précéder ce qu'ils ont à produire. Dans les créations réalisées par l'effet d'une puissance propre, les effets produits sont associés avec les causes qui produisent, puisque la puissance qu'elles ont ne s'en sépare point, et c'est ainsi que le soleil possède la lumière, le feu, la chaleur et la neige la froideur. Ainsi donc, si les dieux créent le monde par art, ils ne lui donnent pas l'être, mais la façon de son être, car tout art, en effet, n'impartit que la forme. D'où vient donc l'être qui appartient au monde ? D'autre part, si les dieux créent par nature, tout ce qui crée par nature doit donner à ce qu'il crée quelque chose de son essence. Or, comme les dieux sont incorporels, il faudrait dans ce cas que le monde aussi soit incorporel. Mais si quelqu'un prétendait que les dieux ont un corps, d'où viendrait la puissance des êtres incorporels ? Si d'ailleurs nous acceptions cette hypothèse, il s'en suivrait nécessairement, si Dieu créait conformément au cours de la nature, que la destruction du monde impliquerait aussi la destruction de celui qui l'a fait. Ainsi donc, si les dieux ne créent le monde ni par l'entremise de l'art ni selon le cours de la nature, il reste qu'il est l'ouvrage de leur seule puissance. Or, tout ce qui est produit par puissance coexiste avec ce qui détient la puissance, et ce qui est ainsi produit ne saurait jamais périr, à moins qu'on ne prive le créateur de sa puissance. De ce fait, ceux qui affirment que le monde périra nient l'existence des dieux, ou, tout en affirmant que les dieux existent, ils enlèvent sa puissance à Dieu. Celui, en effet, qui fait que tout arrive à l'être par sa seule puissance, fait que tout subsiste conjointement à Lui. Comme Il est la souveraine puissance, il était nécessaire qu'Il ne créât pas seulement les hommes et les animaux, mais aussi les dieux, les messagers et les génies. Et, autant ce premier Dieu l'emporte sur notre nature, autant il était nécessaire qu'existât, entre nous et Lui, une infinité de puissances.[4]. Toutes les choses, en effet, qui sont entre elles considérablement séparées, ont de nombreux intermédiaires entre elles.[5].

---

[1] Pour les Platoniciens, et notamment pour Proclus, il y a deux éternités. L'une, l'éternité proprement dite, ou éternité extratemporelle et divine; l'autre, l'éternité temporelle, ou perpétuité. « Avant toutes les choses éternelles, dit Proclus, Instit. Théol., 53, l'éternelle durée existe, et avant tout ce qui est dans le temps, le temps existe. Toute durée éternelle, ajoute-t-il, op. cit., 52, est la mesure des choses éternelles, comme tout temps est celle des choses qui sont dans le temps. Il y a donc, conclut-il, op. cit., 55, deux éternités; l'une éternelle, l'autre selon le temps. L'une est immobile, l'autre en passe d'être; l'une possède l'être rassemblé et tout entier à la fois, l'autre est étendue et déployée selon la durée temporelle; l'une subsiste totalement par elle-même, l'autre est constituée de parties dont chacune d'elles est séparée selon l'avant et l'après. » Sur l'éternel et le

temps, cf. Plotin, En., III, 7; Boèce, De Consol., V, 6. Pour Plotin le temps se produit dans l'âme, lorsque l'âme, s'écartant de l'Intelligence, tombe de l'un dans le multiple; elle redevient éternelle par son retour à ce qui est toujours et ne change jamais.

[2] Tout dans la nature ayant été hiérarchiquement disposé, cette hiérarchie manifeste dans le multiple et dans le divisible la puissance coordonnatrice de l'Un, ou de la Cause première. Tout ainsi dans le Tout est simultanément uni et séparé, continu et distinct, uni par son rattachement au principe et séparé selon le degré de son éloignement relatif. Cette éternelle simultanéité, c'est notre esprit qui la décompose et qui, par besoin d'analyse, la juge et l'envisage selon l'ordre du temps; mais elle est un effet inséparable de son propre principe.

[3] Philolaüs soutient aussi que le monde est indestructible. « C'est pourquoi dit-il, apud Stobée, Eclog. Phys, I, 20, 2, le monde demeure éternellement, parce qu'il ne peut être détruit par un autre, ni s'anéantir de lui-même. On ne trouvera, ni au dedans ni en dehors de lui, aucune force plus puissante qu'elle, capable de le détruire. Mais le monde a existé de toute éternité, et il demeurera éternellement, parce qu'il est un, gouverné par un principe dont la nature est semblable à la sienne, et dont la force est toute puissante et souveraine... C'est pourquoi l'on a raison de dire qu'il est l'énergie éternelle de Dieu et du devenir qui obéit aux lois de la nature changeante. » Trad. Chaignet. Cf. Aristote, De Mundo, 397 B.

[4] Cette infinité de puissances hiérarchiquement constituées, compose l'ordre des Dieux subalternes et des Génies divers. Intermédiaires entre ce qui est mortel et divin, les Génies, dit Platon, Banquet 202 D, « remplissent l'intervalle qui séparent l'homme de Dieu et unissent le grand Tout à lui-même ». Sur ces Génies et l'éternité dont ils participent, cf. Proclus, Théol. Plat. 1,24. « La fonction des Démons (ou génies) écrit Robin, dans sa notice précédant sa traduction du Banquet, p. LXXVIII, est une fonction de synthèse : elle est en effet d'unir l'un à l'autre deux domaines séparés; s'ils n'étaient pas là pour combler le vide entre ces deux domaines, le Tout n'aurait pas d'unité. C'est ainsi que dans le Timée (41 C), le Tout ne serait pas le Tout sans la fabrication, par les Sous-Démiurges, de vivants mortels, dans lesquels une semence d'âme immortelle et divine provient du Démiurge supérieur. » Voir aussi sur ce sujet l'ouvrage du même auteur intitulée La Théorie platonicienne de l'Amour, p. 131-138.

Ces espèces divines intermédiaires, écrit de son côté Jamblique, Sur les Mystères, I, 6, « forment le lien commun entre les hommes et les dieux, et en établissent l'indissoluble connexion. Elles rattachent par une continuité parfaite ce qui est en haut à ce qui est en bas et engendrent l'indivisible communauté de tout, accomplissant en tout un mélange parfait et une juste union. Elles font descendre un chemin des meilleurs aux moindres, et monter une route des derniers aux premiers, et établissent à conditions requises l'ordre et la mesure de la répartition qui descend des meilleurs, et la façon dont les êtres plus imparfaits peuvent la recevoir. C'est par elles que tout s'accorde et s'harmonise avec tout, et reçoit d'en haut, émanant des dieux, les causes de tout. » Voir aussi Porphyre, op. Cit., VIII, 8; Maxime De Tyr, Dissert., XI, 12.

[5] « Cette doctrine des intermédiaires entre Dieu et le monde, écrit Passamonti, art. cit., p. 659, est un élément nécessaire et essentiel de tout système émanatistique. Pour les partisans de la création, la production du fini par l'infini est un acte libre, surnaturel, c'est-à-dire un mystère. Ils peuvent admettre sans contradiction que le monde est une œuvre de Dieu, immédiate et directe. Par contre, selon les émanatistes, le monde sort de Dieu par une suite logique naturelle; mais il est clair qu'il ne peut en sortir directement, puisqu'il n'y a pas de transition absolue immédiate entre l'unité absolue et l'absolue division. L'Être absolu, immuable ne peut pas produire immédiatement par voie naturelle des êtres absolument mobiles et changeants par nature, comme les hommes et les animaux. L'imperfection ne peut procéder de l'absolue perfection qu'à travers une série d'intermédiaires. Et c'est pourquoi les néoplatoniciens dirent, après Platon, que le Dieu suprême a produit les êtres immortels, les dieux et les génies chargés de la création des êtres mortels. Ainsi la chaîne d'or de l'existence, dont parlèrent les néoplatoniciens, se perd par ses derniers anneaux dans la profondeur mystérieuse de Dieu. »

14. Comment les dieux étant immuables, sont dits s'irriter et se calmer ?

Si quelqu'un pense qu'il est plausible et juste que les dieux soient immuables.[1], et qu'il se trouve embarrassé pour expliquer comment ils se réjouissent des bons, se détournent des méchants, s'indignent contre les pécheurs et sont susceptibles, à la faveur d'un culte, de nous être propices, nous lui répondrons que Dieu ne se réjouit point, car ce qui se réjouit peut aussi s'attrister; qu'il ne s'indigne pas, car s'indigner est aussi le fait de la passion; qu'il n'est point apaisé par des dons, car il se laisserait vaincre par le plaisir. Nous ajouterons qu'il n'est pas permis de penser que la nature divine puisse être affectée, en bien ou en mal, par les choses humaines, mais qu'au contraire les dieux sont toujours bons, ne font rien que d'utile, ne nuisent jamais et restent toujours vis-à-vis des mêmes choses dans le même état. Quant à nous, si nous sommes bons, nous nous rapprochons des dieux par ressemblance; mais si nous devenons méchants, nous nous écartons d'eux par dissemblance.[2]. Et, tant que nous vivons selon les vertus, nous nous attachons aux dieux; mais, si c'est aux vices que nous nous adonnons, nous nous rendons ces mêmes dieux hostiles, non point qu'ils s'irritent, mais parce que nos fautes empêchent les dieux de nous illuminer et nous attachent à des génies répressifs.[3]. De plus, si nous trouvons dans les prières et dans les sacrifices l'affranchissement de nos fautes, ce n'est pas que nous apaisions les dieux ni que nous les changions; mais, par la vertu du culte que nous leur rendons et par notre retour à ce qui est divin, nous nous guérissons de notre perversité et nous pouvons éprouver de nouveau les bienfaits de la bonté des dieux.[4]. Et c'est pourquoi l'on peut dire que les dieux des méchants se détournent, de la même façon que le soleil se cache aux regards de ceux qui n'ont pas d'yeux.

---

[1] Impassibles et purs, les Dieux ne sauraient comme nous, ni se réjouir, ni s'irriter. « Nous connaîtrons clairement, écrit Jamblique, Sur les Mystères, I, 13, les moyens d'apaiser la colère des dieux, si nous comprenons bien ce qu'est cette colère. Ce n'est point, comme il semble à certains, une antique et permanente irritation, mais un retrait de la bienfaisante sollicitude des dieux, sollicitude que nous avons nous-mêmes détournée de nous, comme si en plein midi nous nous cachions de la lumière, nous attirions les ténèbres sur nous, et nous nous privions de cette salutaire largesse des dieux. » Cf. Simplicius, In Epict., XXVII. Platon, Rep. 364 D, rejette aussi la vieille idée que les dieux puissent être fléchis par des présents. Sur la façon dont il faut présenter nos offrandes à Celui qui ne manque de rien, cf. Hiéroclès, Sur les Vers d'or des Pythagoriciens, p. 58-63 de notre traduction.

[2] Hiéroclès définit la philosophie en disant, op. cit., p. 41 de notre traduction : « que son but suprême est d'amener l'homme â ressembler à Dieu. » La vérité et la vertu nous en rapprochent; l'erreur et le vice nous en écartent. Tout cela s'effectue par une suite naturelle de l'ordonnance des choses, sans aucun acte de sévérité et de vengeance de la part des dieux. Les dieux sont toujours prêts à nous donner la grâce de l'illumination, et,comme Salluste va nous le dire, ce sont nos fautes seules qui les empêchent de nous illuminer. « L'illumination, dit Jamblique, op. cit., I, 12, qui se fait durant les prières, bien loin d'avoir été contrainte à descendre, se manifeste par l'action et la perfection divine. Elle l'emporte autant sur nos mouvements libres que la divine volonté du Bien dépasse le choix humain. Par cette volonté, les dieux bienveillants et miséricordieux versent libéralement la lumière aux théurges; ils appellent à eux les âmes de ceux-ci, les unissent à eux et les habituent, bien que liées à des corps, à se séparer des corps et à évoluer autour du principe éternel et intelligible d'où elles sont sorties. »

[3] « Nous pouvons par l'expiation, dit Jamblique, op. cit., I, 13, revenir à la communion supérieure et ramener sur nous, pour y participer, la sollicitude divine qui nous avait abandonnés, et rattacher dans la juste proportion ce qui reçoit et ce qui accorde la participation. » Sur ces génies répressifs, voir le chapitre XIX de ce présent traité.

[4] Tu te demandes, écrit Jamblique, op. cit., I, 15, s'il faut prier ces intelligences pures que sont les dieux. Je pense qu'on ne doit adresser de prières à nul autre qu'elles, car ce qu'il y a en nous de divin, d'intelligible, d'un, ou si tu aimes mieux d'intelligent, s'éveille clairement dans les prières, et, une fois éveillé, recherche avant tout son semblable et s'unit à son absolue perfection. S'il te semble incroyable qu'un être incorporel puisse entendre une voix; si tu penses qu'il a besoin de sens et d'oreilles pour comprendre ce que nous disons dans nos prières, tu oublies volontiers la supériorité essentielle des causes premières, qui savent et contiennent en elles tout ce qui est au-dessous d'elles, car elles embrassent en elles-mêmes tout à la fois dans l'unité. Ce n'est donc point par des facultés ni par des organes que les dieux reçoivent en eux les prières; mais ils contiennent, eux, les actes des paroles prononcées par les gens de bien, et surtout par ceux qui, par la sainteté du culte, sont consacrés aux dieux et unis à eux, car alors le divin est uni à lui-même, et ne participe point, comme étranger à une chose étrangère, aux pensées des prières. » Si, ajoute-t-il, I, 12, « la purification des passions, la délivrance de la génération et l'union avec la cause divine sont données aux prêtres par l'évasion qu'accordent les prières, qui peut attribuer à cette cause quelque chose de passible ? Une telle invocation ne fait pas descendre dans le sensible et l'impur les dieux impassibles et purs; mais, au contraire, c'est nous, que la génération a fait passibles et impurs, qu'elle rend purs et affermis. »

15. POURQUOI HONORONS-NOUS LES DIEUX QUI N'ONT BESOIN DE RIEN ?

Ces considérations servent encore à résoudre la question des sacrifices et des autres honneurs que l'on rend aux dieux. La Divinité même, en effet, n'a besoin de rien.[1]. Les honneurs que nous lui rendons ne se rapportent qu'à notre utilité.[2]. La Providence des dieux s'étend partout et il n'est besoin pour la recevoir que d'accommodation. Or, toute accommodation résulte de l'imitation et de la ressemblance. C'est pour cela que les temples sont une imitation du Ciel.[3]; les autels imitent la terre; les statues imitent la vie, et c'est pourquoi elles sont faites à l'image des créatures animées; les prières imitent l'intelligence et les signes gravés, les puissances indicibles d'en haut. Les plantes et les pierres imitent la matière et les animaux qu'on immole, le principe de vie destitué de raison qui est en nous.[4]. Rien de tout ceci n'ajoute quoi que ce soit aux dieux, car que pourrait-on ajouter à Dieu ? mais ce sont là des moyens par lesquels nous pouvons entrer en liaison avec eux.

---

[1] Si Dieu n'a besoin de rien, écrit Julien, Lettres, 67 B, p. 161 de la traduction Bidez, « ce n'est pas une raison pour ne rien lui offrir. Il n'a pas besoin que nous consacrions nos discours à célébrer ses louanges. Eh quoi ! est-ce une raison pour les lui refuser aussi ? Assurément non. Par conséquent, il ne faut pas s'abstenir non plus d'un culte en action que les lois ont établi, je ne dirai pas depuis trois ans, ni même depuis trois mille ans, mais depuis l'origine des siècles chez toutes les nations de la terre. » Cf. Porphyre, Sur l'abstinence, 11, 5; Libanius, XXIV, 36; XXX, 36, 41; Proclus, Sur le Timée, I, 14.

[2] Jamblique a consacré aux sacrifices tout le Ve livre de son traité Sur les Mystères. « Il ne faut point en faire, écrit-il, op. cit., V, 5,

seulement pour honorer les dieux, comme on honore ses bienfaiteurs, ni pour leur rendre grâce des biens qu'ils nous donnent, ni comme prémices et présents réciproques en échange des présents plus vénérables qu'ils nous accordent : ce sont là des actes communs et d'ordre humain, pris dans la société commune, mais qui ne conviennent point à l'absolue supériorité ni au rang des dieux pris en tant que causes suprêmes. » Ce qu'ils nous demandent surtout, c'est, par la vertu des sacrifices appropriés à la dignité de leur essence et à leur rang, de mériter de devenir progressivement de fidèles images de leurs divinités, de nous unir à eux par un amour de plus en plus indissoluble et de collaborer avec eux à la maintenance éternelle de l'ordre universel. « C'est donc, dit Jamblique, op. cit., I, 11, pour la santé de l'âme qui est en nous et pour la modération des maux qui se sont attachés à elle par le fait de la génération, pour obtenir la délivrance de ses liens et le moyen d'en échapper que les rites sacrés ont été institués. Voilà pourquoi Héraclite a pu légitimement les appeler des remèdes, car ils sont destinés à nous guérir de nos maux et à rendre nos âmes exemptes des maux qui les accablent dans la génération. »

[3] « Que l'on ne s'étonne point, dit Jamblique, op. cit., V,23, si nous disons qu'il existe une certaine matière pure et divine; elle provient elle aussi du père et du démiurge de toutes choses, et elle a reçu une perfection apte à recevoir les dieux, d'autant plus que rien ne s'oppose à ce que les choses supérieures puissent illuminer celles qui leur sont inférieures, et que rien non plus n'empêche que la matière ne participe aussi des choses les meilleures. Toute matière parfaite, pure et saine, n'est donc pas impropre à la réception des dieux. Puisqu'il fallait, en effet, que les choses terrestres ne fussent pas absolument privées de la communication divine, la terre aussi a reçu une certaine part de divin qui suffit à supporter les dieux. En considération de cela, l'art théurgique ayant ainsi, d'une façon générale et aussi selon la mesure particulière à chaque dieu, découvert les récepteurs appropriés, entremêle souvent des pierres, des plantes, des animaux, des parfums, et d'autres objets sacrés, parfaits et divins, et fait ensuite de tout cela un récepteur pur et parfait. Il ne faut point en effet repousser toute matière, mais celle-là seule qui est étrangère aux dieux, et choisir celle qui leur est propre, comme capable de convenir aux édifices des dieux, aux érections de leurs statues et aux rites sacrés des sacrifices. Car aucune participation à l'abondance qui provient des Êtres supérieurs ne peut

être accordée aux divers lieux de la terre et aux hommes qui les habitent, si l'on n'a point établi pour cela un tel fondement préalable. » Sur le monde considéré comme le temple de Dieu, cf. Philon, Spec. leg., I, 66.

[4] Le rite des sacrifices pour être parfait, dit Jamblique, op cit., V, 14, doit être en relation avec le rang des dieux; et, pour nous concilier leur amitié, nous devons leur rendre un culte approprié à leur nature et en rapport avec le pouvoir qui leur est échu. Aux dieux qui organisent la matière, nous offrirons des animaux, car les êtres organisés ne sont pas sans être en harmonie avec leurs organisateurs. Aussi, continue Jamblique, pour leurs sacrifices, les corps morts et privés de vie, l'égorgement des animaux et leur manducation, toute transformation et toute destruction, et, pour le dire en un mot, l'affaiblissement de la matière proposée convient à ces dieux, non point à eux par eux-mêmes, mais à cause de la matière à laquelle ils président. » Celui-là donc, ajoute Jamblique, op. cit., V, 21, « qui ne distribue pas à chacun des dieux ce qui lui convient, et qui ne leur fait point hommage de l'honneur réservé à chacun d'eux, s'en va imparfait et sans avoir obtenu de participer avec les dieux. Mais celui qui s'est rendu tout propice, et qui a donné à chacun les présents qui lui sont agréables, et, autant que possible, semblables, demeure sûr et toujours sans faux pas, car il a bellement accompli la réception parfaite et entière de la divinité. »

16. DES SACRIFICES ET DES AUTRES HONNEURS. QUE LES DIEUX N'EN RETIRENT AUCUN AVANTAGE, ET QUE LES HOMMES LES OFFRENT POUR LEUR UTILITÉ

Il est opportun, je crois, d'ajouter quelques mots touchant les sacrifices. Tout d'abord, puisque nous tenons tout des dieux, il est juste d'offrir à ceux qui donnent les prémices de ce qu'ils donnent[1], et nous offrons les prémices de nos biens par des offrandes votives, celles des corps par la consécration de leur ornement[2], celles de la vie par des sacrifices. En second lieu, les prières sans sacrifices ne sont que des paroles; mais, accompagnées de sacrifices, elles deviennent des paroles animées, car la parole donne puissance à la vie et la vie anime la parole.[3] De plus, le bonheur de chaque chose est dans sa propre perfection, et la perfection propre à chaque chose est sa liaison avec sa cause.[4] Voilà pourquoi nous prions dans le but d'obtenir d'être unis aux dieux[5]. Puisque, en effet, la vie la plus haute appartient aux dieux, et que la vie humaine, qui n'est qu'une forme de vie[6], veut elle-même s'unir à cette vie divine, elle a besoin d'un intermédiaire - car les choses qui sont fort éloignées ne sauraient être unies sans un intermédiaire - et cet intermédiaire doit ressembler aux choses qu'il unit. Il fallait donc que la vie servît d'intermédiaire à la vie, et c'est pour cette raison que les hommes bénéfiquement inspirés, tant ceux d'aujourd'hui que ceux des temps passés, sacrifient des animaux. Ils ne le font pas sans choix; mais ils offrent à chaque dieu les sacrifices qui lui conviennent et y ajoutent beaucoup d'autres marques de vénération.[7] Mais, sur cette matière, j'en ai dit assez.

105

¹ « Comme le laboureur, dit Porphyre, Sur l'abstinence, II, 24, offre les prémices de ses moissons et de ses fruits, nous devons offrir aux dieux les prémices de nos pensées et des beaux sentiments que sur eux nous avons, les remerciant de choses dont ils nous donnent la contemplation, car ils nous nourrissent vraiment par leur contemplation. »

² Salluste fait ici allusion à l'habitude qu'avaient les anciens de laisser pousser les boucles des enfants, de les couper et de les offrir aux dieux, vers l'époque de la puberté. Sur cet usage, cf. Eustathe, Iliade, XXIII, 146; Pausanias, I, 37, 2; Lucien, La Déesse syrienne, 60.

³ « Les prières, dit Jamblique, op. cit., V, 26, ne sont point la partie la moins importante des sacrifices; elles les complètent admirablement, et toute l'œuvre sacrée reçoit d'elles sa force et son accomplissement; elles ont pour le culte une utilité générale et nous relient aux dieux par une indissoluble communication sacrée...Quelquefois la prière précède les sacrifices, quelquefois elle se fait au milieu, et quelquefois les termine. Aucun acte religieux ne peut se faire sans les supplications des prières; leur fréquence nourrit notre esprit, et fait beaucoup plus ample la réception des dieux par notre âme. Elles ouvrent aux hommes les choses divines, les habituent aux splendeurs de la lumière et font peu à peu les choses qui en nous sont en contact avec les dieux, jusqu'à ce qu'elles nous emportent au suprême sommet, attirent en haut les habitudes rassérénées de notre pensée, nous donnent le divin, éveillent la persuasion, l'union et l'indissoluble amitié, augmentent l'amour de Dieu, enflamment la partie divine de l'âme, purifient cette âme de tous ses éléments contraires, écartent du souffle céleste et lumineux tout ce qui le porte à la génération, parfont sa bonne espérance et sa foi en la lumière, et pour tout dire en un mot, font de tous ceux qui ont recours à elles, et pour ainsi parler, les familiers des dieux... Les prières ont la vertu de nous faire monter, de nous parfaire et de nous donner la plénitude... Le sacrifice et la prière, se prêtent un mutuel appui et se donnent mutuellement la force parfaite et sacrée de la piété. »

⁴ Nous obtenons donc la plénitude de notre perfection en nous rendant semblables au Dieu qui nous créa. « Nous sacrifions, nous aussi, dit Porphyre, Sur l'abstinence, II, 34, mais nous offrons, comme il convient, différents sacrifices en les référant à diverses puissances. Au Dieu qui est au-dessus de tous, comme le dit un

homme sage, nous n'offrons rien de sensible, car il n'y a rien de matériel qui ne soit pas impur pour ce qui est immatériel. Voilà pourquoi aucune parole ne lui convient, ni celle selon la voix, ni celle qui vient de l'intérieur, lorsqu'elle est souillée par la passion de l'âme. Mais c'est par un pur silence et par de pures pensées à son propos, que nous l'honorons. Il faut donc, une fois rattachés et rendus semblables à lui-même, que nous offrions à ce Dieu le sacrifice sacré de ce silence et de ces pensées qui vers Lui nous élèvent, et que ce sacrifice soit notre hymne et notre rédemption. Ce sacrifice s'accomplit par la purification des passions de l'âme et par la contemplation de Dieu. » Jamblique émet la même idée. « Quand donc, écrit-il, op. cit., V, 19, nous honorons les dieux qui régnent sur l'âme et sur la nature, il ne leur est point étranger que nous leur offrions des puissances naturelles, et il ne faut pas dédaigner de leur offrir des corps soumis à la nature, car toutes les oeuvres de la nature obéissent aux dieux et leur sont de quelque usage pour l'harmonieuse organisation du monde. Mais quand nous tentons d'honorer les dieux uniformes eux-mêmes par eux-mêmes, il nous faut leur rendre des honneurs affranchis de la matière; les dons intellectuels leur conviennent ainsi que ceux de la vie incorporelle, tels que ceux que présentent la vertu et la sagesse. »

[5] « L'efficacité des sacrifices, écrit Jamblique, op. cit., V, 9, est fondée sur la bonté et la bienveillance des dieux, et sur le rapport qui existe entre les démiurges et leurs œuvres, les générateurs et ce qu'ils ont généré... Les dieux nous donnent, ajoute-t-il, op. cit., V, 10, selon le degré d'affinité et de parenté que nous avons avec eux, car un seul et même amour embrasse tout et produit, par une communication indicible, cette liaison universelle. » Cette union à Dieu, que nous vaut la purification de l'âme, est la délivrance, le salut et la béatitude immortelle de notre âme affranchie. Sur la béatitude, cf. Jamblique, op. Cit., X, 1-8.

[6] La vie humaine n'est pas la Vie, mais une simple espèce de vie, une des formes multiples et diverses de la Vie. Pour les Pythagoriciens et les Platoniciens, la vie présente était une mort, et la mort, le commencement de la vie. Sur la manière dont les sages ne recherchent rien autre que mourir et être mort, sur les raisons qui les y portent et sur la façon dont Platon établissait la nécessité de l'immortalité, ou de la perpétuité de la vie, par le passage de la vie à la mort et de la mort à la vie, de toute vie particulière, cf. Platon, Phédon, p. 67 sq. de notre traduction; Gorgias, 492; Philolaus, frag.,

23, 24. « Les âmes des hommes, dit le néo-platonicien Eusébios, frag., 63, Mullach, ayant reçu par nature d'être mortelles et immortelles, ayant obtenu la vie sur la terre qui est appelée mort et recouvré la vie qui leur paraît être une mort ici-bas, lorsque le temps marqué pour vous sera de nouveau accompli, vous serez dégagés du corps qui vous a reçus dans cette mort d'ici-bas, et les mérites de vos vies vous donneront alors en échange un genre de vie conforme à celle que vous aurez menée sur cette terre. »

[7] La science théurgique, écrit Jamblique, op. cit., V, 23, dans un passage que nous avons déjà cité mais qui reçoit ici une nouvelle application, « ayant découvert, selon la nature particulière des dieux, des récepteurs convenables, entremêle souvent des pierres, des plantes, des animaux, des parfums et d'autres objets sacrés, et de tout cela fait un récepteur parfait et pur. » Seules, ajoute-t-il, V, 24, « les offrandes appropriées aux dieux ont la puissance de leur être agréables et de favoriser l'union bénéfique des hommes avec les dieux. »

17. QUE LE MONDE, DE SA NATURE, EST INCORRUPTIBLE

Nous avons dit que les dieux ne détruiront pas l'univers; il reste à montrer qu'il est aussi, par nature, incorruptible.[1]. Tout ce qui périt, en effet, périt ou de soi-même ou par le fait d'un autre. Si donc le monde périssait de soi-même, il faudrait aussi que le feu se consumât lui-même et que l'eau se desséchât d'elle-même. Par contre, si l'univers était détruit par le fait d'un autre, il devrait l'être par un agent corporel ou incorporel. Mais il est impossible que cet agent soit incorporel, puisque les choses incorporelles, comme la nature et l'âme.[2], conservent les choses corporelles, et que rien ne saurait être détruit par le principe qui veille par nature à sa conservation.

D'autre part, si le monde était détruit par un agent corporel, ce devrait être, ou bien par des corps existants, ou bien par d'autres. Si c'est par des corps qui existent, ou ceux qui ont un mouvement circulaire détruiront ceux qui vont en ligne droite, ou ceux qui vont en ligne droite détruiront ceux qui ont un mouvement circulaire.[3]. Mais les corps qui ont un mouvement circulaire n'ont en eux aucun principe destructeur, car pourquoi voyons-nous que rien de corruptible ne procède de là ? Ceux en outre qui se meuvent en ligne droite ne peuvent atteindre ceux qui se meuvent en cercle, car pourquoi jusques à maintenant ne l'ont-ils pas pu ? On ne saurait non plus dire que les corps qui vont en ligne droite puissent être détruits les uns par les autres. La destruction de l'un, en effet, est la génération d'un autre, et c'est là non point d'être détruit, mais être transformé. D'autre part, si le monde doit périr par l'effet d'autres corps, personne n'est en état de dire, ni d'où viennent ces corps, ni où ils sont maintenant.[4]. De plus, tout ce qui périt est détruit soit dans sa forme ou bien dans sa matière. Or, la forme constitue l'apparence, et la matière, le corps. Si la forme périt, la matière subsiste, et nous voyons s'engendrer d'autres formes. Mais si la matière s'évanouit, comment, depuis tant d'années, ne fait-elle point défaut ? Mais si, à la place d'une matière qui périt une autre apparaît, elle doit provenir, ou de choses qui sont, ou de choses qui ne sont point. Si c'est des choses qui sont, comme les choses qui sont subsistent toujours, la matière aussi doit toujours subsister. Mais si les choses qui sont dépérissent, non seulement le monde, mais aussi toutes choses sont affirmées périr. Si l'on prétend, d'autre part, que la matière naît des choses qui ne sont point, on répondra qu'il est tout d'abord impossible qu'il puisse naître quelque chose des choses qui ne sont point; et, en second lieu, en admettant même que cela puisse arriver et qu'il soit possible que la matière puisse naître des choses qui ne sont point, aussi longtemps qu'il existera des choses qui ne sont point, la matière aussi subsistera, car jamais aussi ce qui n'existe pas ne pourrait périr. Mais si l'on avance que la matière peut rester sans forme, comment se fait-il d'abord que l'on attribue au tout de l'univers ce que dans ses parties l'on ne remarque pas ? De plus, une telle hypothèse ne détruit pas la substance des corps, mais seulement leur apparente beauté.

En outre, tout ce qui dépérit, ou bien se résout dans les éléments dont il a été formé, ou bien s'évanouit dans ce qui n'existe pas.[5]. Mais, s'il se résout dans les éléments dont il a été formé, de ces éléments naîtront d'autres combinaisons, car pourquoi celle qui périt aurait-elle été absolument produite ? Si, d'autre part, ce qui est s'évanouit dans ce qui n'existe pas, qu'est-ce qui empêche que cela ne puisse arriver même à Dieu ? Si l'on dit que sa puissance le lui défend, il ne sied pas à un puissant de ne penser qu'à se conserver lui seul. Il est donc également impossible que ce qui est puisse provenir de ce qui n'existe pas, et que ce qui est puisse s'évanouir dans ce qui n'existe point.

De plus, il est nécessaire, si le monde périt, qu'il périsse selon le cours de la nature ou en opposition au cours de la nature. Si c'est selon le cours de la nature, c'est en opposition au cours de la nature qu'il a été formé et maintenu jusqu'ici; mais rien ne se produit en opposition au cours de la nature, et ce n'est pas ce qui est en apposition au cours de la nature qui se trouve être antérieur à la nature. Si c'est en opposition au cours de la nature, il faut qu'il y ait une autre nature qui puisse changer la nature de l'univers, ce qui n'apparaît point. En outre, tout ce qui périt de façon naturelle, nous pouvons aussi le faire périr; mais le corps circulaire du monde, personne n'a jamais pu le détruire ni le changer.[6]. Quant à chacun de ses éléments, s'il est possible de les transformer, il est impossible de les détruire.[7]. De plus, tout ce qui périt est susceptible d'être modifié par le temps et de vieillir; mais l'univers depuis tant d'années reste immodifié.[8].

Ayant ainsi parlé pour ceux qui ont besoin de preuves plus solides, nous prions le monde de nous être propice lui-même.[9].

---

[1] Ce chapitre sur la nature incorruptible du monde n'est que le développement du chapitre VII de ce présent traité. Salluste y

affirme que le monde n'a jamais commencé et ne finira jamais. La question de l'éternité du monde, envisagé d'abord par rapport à Dieu, est ici reprise et examinée en fonction de la nature intrinsèque du monde. Pour résumer ce que nous a dît Salluste, nous ne pouvons mieux faire que de citer les paroles que Gémiste Pléthon, dans son Résumé des doctrines de Zoroastre et de Platon, écrit à propos de l'éternité du monde. « Il faut croire que l'Univers est éternel, c'est-à-dire qu'il est l'œuvre coéternelle de Zeus, qu'il n'a pas eu de commencement dans le temps et n'aura pas de fin. Ensuite, qu'il est composé de parties rassemblées et coordonnées en un seul tout; qu'il a été créé, de la manière la plus parfaite possible et par l'ouvrier le plus parfait possible, qui n'y a rien laissé à ajouter. Toujours dans son état primitif, il se conserve éternellement immuable. » Voir aussi, du même, Traité des lois, III,43.

[2] La nature est ici prise pour la force incorporelle qui engendre, régit et conserve dans le monde, comme l'âme dans le corps, le mouvement et la vie. « J'appelle nature, écrit Jamblique, apud Stobée, Eclog., phys., I, 5, 8, la cause inséparable du monde et qui contient inséparablement toutes les causes de la génération; tout ce que, d'une façon séparée, les essences supérieures et organisatrices comprennent en elles-mêmes. »

[3] Les corps qui ont un mouvement circulaire sont les astres; ceux qui se meuvent en ligne droite, les éléments. Le mouvement circulaire est d'une incorruptible perpétuité; celui des éléments est conditionné par le passage incessant et direct de la génération à la corruption et de la corruption à la génération.

[4] « Si quelqu'un disait, écrit Ocellus Lucanus, De Univ. nat., I, II, que le monde doit périr, il devrait alors périr vaincu, soit par un agent en dehors du Tout, soit par un agent intérieur à ce Tout. Or, ce ne peut pas être par un agent du dehors du Tout, car il n'y a rien en dehors du Tout. Toutes les choses diverses sont en effet contenues dans le Tout, et cette totalité et ce Tout sont le monde. Ce ne peut pas être non plus par un agent intérieur à ce Tout, car il faudrait alors que ces agents soient plus grands et plus forts que le Tout, ce qui est impossible. De plus, toutes les choses diverses sont conduites par le Tout et c'est conformément à lui qu'elles sont conservées et harmonisées, et qu'elles ont animation et vie. Si le Tout donc ne peut être détruit, ni par un agent extérieur au Tout, ni par un agent

extérieur au Tout, c'est que le monde, que nous avons dit être le Tout, est incorruptible et indestructible. »

5 « Si le monde entièrement se dissolvait, écrit Ocellus Lucanus, op. cit., I, 10, il devrait se dissoudre, soit en ce qui est, soit en ce qui n'est pas. Or, il est impossible que ce soit en ce qui est, car la destruction du Tout ne saurait arriver, puisqu'il se résoudrait en ce qui est, et que ce qui est ne peut être que le Tout ou une partie du Tout. Il ne peut pas non plus se résoudre en ce qui n'est pas, car il est impossible que ce qui est puisse recevoir la destruction de ce qui n'est pas, ou bien être résolu en ce qui n'est pas. »

6 La figure, écrit Ocellus Lucanus, op. cit., I, 15, le mouvement, la durée et la substance du monde, parce qu'ils n'ont ni commencement ni fin, conduisent à croire que le monde est inengendré et incorruptible. La forme de sa figure est un cercle; ce cercle, de toutes parts, est égal et semblable à lui-même, et c'est pourquoi il est sans commencement ni sans fin. La forme de son mouvement est un mouvement circulaire, et ce mouvement est inamovible et intransgressible. La durée, au sein de laquelle ce mouvement s'opère, est infinie, car ce qui en elle est mû n'a pas eu de commencement et ne saurait avoir de fin. La substance des choses est immuable et indigressible, parce qu'il n'est pas dans sa nature d'aller du pire vers le mieux et du mieux vers le pire. De toutes ces choses, il découle clairement que le monde est inengendré et incorruptible. »

7 « Si chacun des éléments, dit Philon, op. cit., XVI, 82, périssait pour sa part, il ne pourrait point recevoir son changement en un autre. » Sur l'éternité du monde, cf. Pline, Hist. Nat., I, 1.

8 Le monde, dit également Aristote, De Mundo, 397 A, ne vieillit pas et reste incorruptible. » Cf. Philon, op. Cit., 61.

9 Julien, comme ici Salluste, termine aussi ses traités Sur le roi Soleil et Sur la Mère des dieux, par une prière. Si, dans son traité, Salluste insiste autant sur l'éternité, l'incorruptibilité et la bonté du monde, c'est sans doute pour arracher les âmes à la peur de cette fin calamiteuse du monde, qui devait, durant de si longs siècles, empoisonner l'imagination des mortels. Pour Salluste, comme pour tous les sages païens, le monde était bon, la création était une Œuvre divine, et la vie était bonne, quand elle était illuminée et conduite par l'intelligence et la pratique du bien.

18. D'où vient l'impiété, et que la Divinité ne saurait être lésée

Il ne convient certes pas que l'impiété qui se manifeste en certains lieux de la terre et qui souvent dans la suite doit se manifester, porte le trouble chez les hommes sensés.[1] De tels forfaits en effet n'atteignent point les dieux, tout comme nous avons dit que les honneurs ne leur apportaient aucun profit. De plus, il est également impossible que l'âme, qui est d'une essence intermédiaire, puisse toujours bien agir, et que l'univers puisse, dans sa totalité, jouir d'une égale façon de la Providence des dieux; mais, certaines de ses parties composantes en sont toujours l'objet, certaines autres ne le sont que durant un certain temps; celles-ci tiennent le premier rang, celles-là ne viennent qu'au second, tout comme la tête jouit de tous les sens, pendant que le corps, dans sa totalité, ne perçoit que par un.[2] C'est pour cette raison, semble-t-il, que ceux qui ont institué les jours de fête ont aussi établis des jours néfastes.[3], durant lesquels certains lieux sacrés devaient être infréquentés, certains autres fermés et dépouillés de leur parure, s'acquittant ainsi envers les dieux par un culte approprié à la faiblesse de notre nature. L'impiété d'ailleurs est vraisemblablement une forme de châtiment.[4] Il est juste, en effet, que ceux qui ont connu les dieux et qui les ont méprisés soient frustrés, dans une vie postérieure, de cette connaissance.[5], et il fallait aussi que la Justice privât des dieux ceux qui, comme des dieux, ont honoré leurs rois.[6]

¹ Les éditeurs de Salluste ont pensé que l'auteur du traité sur Les dieux et le monde visaient ici aux Chrétiens. Les païens, en effet, appelaient athées ceux qui n'admettaient point l'existence des dieux, ou ceux qui, s'ils y croyaient, ne les honoraient point. Sur la façon dont Julien accusait les Chrétiens d'impiété, parce que leur intransigeance refusait de respecter, de reconnaître et d'estimer, comme le voulaient les philosophes alexandrins qui ne voyaient dans chacune d'elles qu'une forme particulière de la religion universelle, les religions de tous les peuples, cf. Jules Simon, Hist. de l'Ecole d'Alexandrie, t. II, p. 295--296.

² Essence intermédiaire entre les êtres irraisonnables et les Dieux immortels, l'âme humaine, participant â la fois de ce qui est avant et de ce qui est après elle, ne jouit point d'une façon égale et continue, comme les Dieux immortels, de la pensée divine. C'est en s'en écartant qu'elle se prive elle-même du bienfait divin de cette Providence; en s'en rapprochant, elle recouvre ce qu'elle avait perdu. Pour l'univers, si certaines de ses parties composantes, les parties les plus hautes, en sont toujours l'objet, les autres ne le sont que dans la mesure variable où elles se rapprochent de l'ordre et de l'intelligence. Inséparable des âmes et du monde, la Providence divine se donne plus ou moins, dans la mesure où l'on se rend capable de la recevoir.

³ Les jours néfastes étaient ceux, dit Lucien, Pseudolog., 12, « au cours desquels les juges suspendaient leurs fonctions, les tribunaux étaient fermés, les sacrifices suspendus, et durant lesquels on n'accomplissait rien de ce que l'on voulait heureux. »

⁴ Cette idée que l'impiété est une espèce de châtiment est soutenue par Platon qui prétend, Lois, X, « que l'impiété est un châtiment qui résulte d'épouvantables forfaits. »

⁵ L'âme, écrit Jamblique, op. cit., X, 5, n'a pas d'autre moyen de délivrance que la connaissance des dieux. Connaître, en effet, donne la béatitude, et cette béatitude n'est rien autre que la plénitude intellectuelle acquise par les âmes grâce à l'union divine.

⁶ Salluste nous paraît ici viser les doctrines d'Evhémère, Cet homme, dit Plutarque, Sur Isis et Osiris, p. 83-84 de notre traduction, réduisant les dieux à la mesure humaine et ouvrant de grandes portes à tout un peuple d'athées, « en écrivant une mythologie insoutenable et sans réalité, a répandu sur toute la terre habitée une impiété totale.

Rayant d'un trait et indistinctement tous les dieux connus, il remplace leurs noms par ceux des généraux, des amiraux et des rois, qui auraient, à l'entendre, anciennement existé. » L'impiété est le plus grand des maux, écrit aussi Julien, Lettres, III, Bidez, et « il arrive à ceux qui se détournent des dieux pour s'adresser à des morts et à leurs dépouilles, de subir ce châtiment.» Passamonti, art. cit., p. 220, pense que Salluste condamne ici l'apothéose des empereurs romains.

19. POURQUOI LES COUPABLES NE SONT-ILS PAS TOUT AUSSITÔT PUNIS ?

Si les châtiments de ces fautes et de tous les autres délits ne tombent pas tout aussitôt sur les coupables, il ne faut pas s'en étonner.[1] Il n'y a pas seulement, en effet, que les génies qui punissent les âmes, mais l'âme elle-même aussi se livre au châtiment.[2] En outre, comme les âmes doivent durer toujours, il n'était pas nécessaire qu'elles éprouvassent dans un court espace de temps tout ce qu'elles ont à subir, et il fallait aussi donner à la vertu humaine le temps de se manifester. Si les châtiments, en effet, accompagnaient tout aussitôt les fautes, les hommes ne pratiqueraient la justice que par crainte et n'auraient aucune vertu. Les âmes sont donc châtiées dès qu'elles sortent du corps; les uns, en errant ici; les autres, dans certains lieux chauds ou froids de la terre; d'autres enfin sont tourmentées par des génies.[3] Toutes ces peines, elle les endurent avec cette âme irraisonnable en accord avec laquelle elles ont aussi fauté.[4] C'est par cette âme que subsiste ce fantôme d'ombre qui, autour des tombes et surtout des tombes de ceux qui ont vécu dans le mal, est aperçu.[5]

---

[1] Plutarque, dans son traité Des délais de la justice divine, a tenté aussi de justifier les délais qui éloignent la punition du crime. Pour Plutarque, toute faute appelle inévitablement un châtiment. Si ce châtiment n'est pas immédiat, la Providence qui régit toutes choses doit avoir des raisons de le retarder. Par sa lenteur à punir, elle nous enseigne la clémence et la modération; elle donne le temps de se réformer à l'homme qui n'est pas incorrigible. Les dieux d'ailleurs ont l'éternité pour nous punir, et leur justice est d'autant plus terrible qu'elle se fait attendre. Voir aussi Proclus, De decem rationibus de

providentia dubitandi, VIII, p. 153, éd. Cousin. Sur la nécessité et l'utilité de la peine, qui est un retour à l'ordre, une réparation et le seul moyen de rentrer en grâce avec la loi violée qui ne perd jamais ses droits, cf. Platon, Gorgias, 23-26. Voir aussi l'excellent résumé que fait J. Denis, dans son Histoire des théories et des idées morales dans l'antiquité, t. II, p. 104 sq. des idées de Proclus et de Simplicius sur la Providence et l'origine du mal.

2 Ces génies vengeurs, dit Chrysippe dans Plutarque, De Orac. defect., sont des génies dont, comme des bourreaux répressifs, les dieux se servent contre les hommes injustes et impies. Cf. Plutarque, Des délais, 46; Platon, Gorgias, 523-524. « L'âme, dit Platon, 107 D, en se rendant chez Hadès, n'emporte rien autre que sa formation morale et sa façon de vivre, qui sont, dit-on, aussitôt qu'on est mort et dès le premier pas du voyage vers là-bas, la source du plus grand bonheur ou du plus grand malheur. » Récompensée alors ou punie selon ses actes, l'âme se juge elle-même en choisissant un destin en rapport avec les habitudes de sa vie précédente. Ce choix lui est dicté comme une conséquence; il est irrévocable et c'est l'âme seule qui en est responsable. Cf. Platon, Rep., X.

3 Sur les châtiments qui attendent dans l'Hadès les âmes pécheresses, voir surtout les descriptions des Enfers que nous donne Plutarque à la fin de ses traités Sur les délais de la Justice divine et Sur le démon de Socrate. Voir aussi Lucien, Nécromancie; Rohde, Psyché, p. 60 sq., 254 sq., 367 sq., 434 sq., 565 sq. Pour Salluste, l'Hadès, ou séjour des âmes impurifiées, est la terre elle-même.

4 C'est l'âme irraisonnable qui, en inclinant vers le désir des choses de la matière notre âme raisonnable, l'a conduite à fauter et à perdre sa voie. Il est donc juste que ce soit sur cette âme que le châtiment porte.

5 « Il faut croire, ô mon cher, dit Platon dans Phédon, 81 D, en parlant de l'âme qui sort du corps en portant comme les stigmates de son impureté, que cette emprise est pesante, lourde, matérielle et visible. L'âme qui la subit est en effet alourdie; elle est entraînée de nouveau, par crainte de l'invisible et d'Hadès, vers quelque lieu visible; elle rôde autour des tombeaux et des tombes, auprès desquels on a vu des fantômes d'âmes ressemblant à des ombres, spectres pareils â ceux de ces âmes qui, étant mortes sans avoir été purifiées, mais gardant encore quelque chose de visible, demeurent en conséquence visibles. » Les âmes qui, dit Apulée, Du génie de

Socrate, « pour les démérites de leur vie sont privées de tout heureux séjour et qui, errant au hasard sont punies d'une sorte d'exil, ces âmes, vain effroi des bons mais fléau des méchants, sont généralement désignées sous le nom de Larves. »

20. DES MIGRATIONS DES ÂMES, ET COMMENT LES ÂMES SONT DITES PASSER DANS DES CORPS D'ANIMAUX

Les migrations des âmes, quand elles se font par le passage des âmes dans le corps de créatures raisonnables, font que ces âmes deviennent les âmes même de ces corps. Lorsqu'elles se dont par le passage des âmes dans le corps de créatures irraisonnables, elles font que ces âmes doivent, par l'extérieur, accompagner ces corps, comme nous suivent les génies qui nous sont assignés..[1] Jamais en effet une âme raisonnable ne saurait devenir celle d'une créature irraisonnable. Ces migrations des âmes peuvent s'induire de certains états que l'on tient de naissance. En effet, pourquoi effet, pourquoi les uns naissent-ils aveugles ; les autres, languissants, et ceux-ci avec l'âme elle-même viciée.[2] ? Elle peut aussi s'induire du fait que les âmes, destinées par nature à vivre dans un corps, ne peuvent pas, une fois sorties du corps, rester perpétuellement inactives. Si, en effet, les âmes ne devaient point passer dans de nouveaux corps, il serait nécessaire qu'elles fussent en nombre infini ou que Dieu en créât perpétuellement de nouvelles. Mais il n'y a rien d'infini dans le monde, car dans le sein du fini ne saurait exister quelque chose d'infini..[3] Il n'est pas possible non plus que de nouvelles âmes soient créées, car toute chose en qui survient quelque chose de nouveau est, elle aussi, nécessairement imparfaite. Or il convient que le monde, qui procède d'un principe parfait, soit parfait.

¹ Lorsque l'âme, disent les partisans de la métempsychose, quitte le corps, si elle est suffisamment purifiée, elle peut alors être affranchie du cercle des naissances. Mais si, ce qui est le cas le plus fréquent, elle ne s'est pas suffisamment rendue pure, elle retourne, selon le sort qu'elle a mérité, soit dans le corps d'un homme, soit dans celui d'un animal. Mais l'âme raisonnable des hommes pouvait-elle dégénérer au point de venir proprement animer le corps d'un animal, de s'en revêtir et de s'y incarner ? Salluste ne le croit point. Les âmes pour lui y sont simplement attachées, de telle façon qu'elles suivent ces animaux, comme nous suivons les génies auxquels nous sommes tombés en partage, non point en se changeant en nous-mêmes, mais en nous accompagnant extérieurement à nous-mêmes. Hiéroclès, dans son livre sur *La Providence*, 241, 251, comme dans son *Commentaire sur les Vers d'or des Pythagoriciens*, devait adopter un point de vue assez rapproché de celui de Salluste. « Si quelqu'un, écrit-il en effet, page 263 de notre traduction de son précieux commentaire, par ignorance de l'immortalité inhérente à notre âme, s'imagine que son âme mourra en même temps que son corps mortel, celui-là attend ce qu'il ne faut pas attendre et ce qui ne doit point arriver. Semblablement, celui qui espère qu'il changera après sa mort son corps pour celui d'une brute, qui s'attend à devenir à cause de sa perversité, un animal dénué de raison, ou bien une plante à cause de la torpeur de sa sensibilité, celui-là aussi se trompe et s'égare , car il n'a pas compris l'immutabilité spécifique qui, de par son essence, appartient à l'âme humaine. Demeurant en effet toujours celle d'un homme, l'âme est dite devenir dieu ou bête, suivant qu'à tour de rôle elle acquiert le vice ou la vertu. Par nature elle n'est ni l'une ni l'autre et c'est son seul état d'être qui lui f.ait ressembler ou à l'un ou à l'autre.» Sur la transmigration ainsi conçue, cf. Proclus, *Sur le Timée*, V, 329 ; Jamblique, dans Nemesius *De Nat. homin.*, II, 85. Sur la métempsychose en général, cf. Platon, *Timée*, 42. *Phédon*, 21; Plotin, *En* ., I, I, 10; III , 4, 2; IV, 3, 16. Voir aussi Rohde, *Psyché*, p. 480; Paganinus Gaudentius, *De pythag . anim. transmig.*, I, 19, 21.

² D'après Salluste, les hommes renaitraient en subissant, en juste châtiment, les mêmes peines qu'ils auraient infligées dans une vie précédente. « Il ne faut pas, dit aussi Plotin, *En.*, III, 2, 13, rejeter l'argument qui prescrit d'avoir égard, pour chaque être, non pas à sa situation actuelle, mais aux périodes antérieures et aussi à son avenir; par là s'établit la justice distributive. De ceux qui étaient maitres dans

une vie antérieure, elle fait des esclaves, s'ils ont été de mauvais maitres, et c'est un avantage pour eux. Ceux qui ont mal use de leur richesse deviennent des pauvres; l'état de pauvreté est d'ailleurs utile aux gens de bien. Ceux qui ont tué injustement sont tués à leur tour ; si leur meurtre est une injustice pour qui la commet, il n'est que justice pour ceux qui en sont victimes ; celui qui doit être victime rencontre toujours l'homme appelé à lui faire subir le châtiment qu'il doit subir. Ce n'est pas par une rencontre accidentelle de circonstance qu'on est esclave, prisonnier de guerre, ou que l'on subit des violences ; c'est que l'on avait commis autrefois les actes dont on est maintenant la victime. Qui a tué sa mère, renaitra femme pour être tuée par son fils ; qui a violenté une femme, deviendra femme pour être violentée. » Bref, tout ce que nous faisons à autrui nous sera fait à nous-mêmes ; nous écrivons par nos actes d'aujourd'hui notre histoire de demain, et rien ne peut effacer ce que nous traçons sur notre livre de vie.

[3] Salluste tire de la perfection et de l'éternité du monde l'idée que le nombre des âmes doit être un nombre fini. « Les mêmes âmes, dit aussi Platon, Rep., 611 A, doivent toujours exister, car, puisqu'aucune d'elles ne périt, leur nombre ne saurait diminuer. »

Pour Olympiodore, Sur Phédon, 44, le nombre des âmes est aussi limité, et la vie et la mort ne sont que le départ des mêmes individus, numériquement identiques. L'absence de limite, de nombre déterminé, de mesure est en effet le désordre et le mal. Cf. Jamblique, Traité de l'âme, X; Carrau, Essai historique et critique sur les preuves du Phédon de Platon, p. 21.

21. QUE LES VERTUEUX SONT HEUREUX DANS CETTE VIE ET APRÈS LA MORT

Quant aux âmes qui ont vécu selon la vertu, heureuses à tous égards, elles le seront surtout lorsque, séparées de leur principe irraisonnable et purifiées de tout élément corporel, elles s'adjoindront aux dieux et partageront avec eux le gouvernement de l'univers entier.[1] Et quand bien même si rien de tout cela ne leur arrivait, la vertu elle-même, et la joie et l'honneur qu'elles retireront de cette vertu, la vie libre de peines et affranchie de toute servitude suffiraient à rendre bienheureuses celles des hommes qui ont choisi de vivre selon la vertu, et qui s'en sont montrés capables.

---

[1] « Quant à ceux, dit Platon, Phédon, 114, p. 306 de notre traduction, qui paraissent avoir particulièrement vécu en sainteté, affranchis et délivrés comme d'une prison de ces lieux souterrains, ils obtiennent en haut une pure résidence et habitent la partie supérieure de la terre. Mais ceux d'entre eux que la philosophie a suffisamment purifies, vivent absolument sans corps pendant l'éternité, et parviennent en des demeures encore plus belles que celles dont je viens de parler. » Commentant le dernier hexamètre des Vers d'or des Pythagoriciens, Hiéroclès s'écrie : « Telle est la fin la plus belle de nos peines. C'est là, comme le dit Platon, le grand combat et la grande espérance qui nous sont proposés. C'est là le fruit parfait de la philosophie ; c'est là le but suprême de l'art initiatique et sacré ; faire habiter et conduire près des biens véritables ceux qui ont suivi les voies que nous venons de tracer, les délivrer des peines d 'ici-bas, comme de la profonde caverne de la vie matérielle, les élever aux splendeurs de la lumière éthérée et les établir dans les Iles des Bienheureux. C'est à de tels voyageurs qu'est réservée pour récompense la déification, puisqu'il n 'est permis a nul autre de pouvoir parvenir à la lignée des dieux, si ce n'est a celui qui a acquis en son âme la vérité et la vertu, et qui a obtenu pour son char lumineux la pureté. Rendu ainsi sain et

complet, il est rétabli en la forme de son premier état, car il s'est recouvré lui-même en s'unifiant avec la droite raison, il a reconnu l'ordre divin de l'univers, et il a découvert, autant qu'il est possible à l'homme de le faire, l'organisateur du monde universel. Après sa purification, il est devenu autant qu'il le pouvait, ce que sont toujours les êtres qui ne tombent jamais par nature dans la génération ; il s'est uni par l'intelligence au tout, et il s'est élevé jusqu'auprès de Dieu même. » Pages 330-333 de notre traduction. Sur la béatitude que donne à l'âme son union avec le dieu démiurgique et à toutes les puissances organisatrices de ce dieu, cf. Jamblique Sur les Mystères, X, 1-8. « Quant à nous-mêmes, écrit Gémiste Pléthon, dans son Résumé des doctrines de Zoroastre et de Platon, IX, X, 4, notre âme étant d'une nature semblable aux dieux, demeure immortelle et éternelle dans l'enceinte qu'est la limite de notre monde. Toujours attachée à une enveloppe mortelle, elle est envoyée par les dieux, tantôt dans un corps, tantôt dans un autre, en vue de l'harmonie universelle, afin que l'union de la nature mortelle et de la nature immortelle dans la nature humaine contribue à l'unité de l'ensemble. » Plotin, En., VI, 9, 11, définit la libération comme « la fuite du seul vers le Seul. »

www.ingramcontent.com/pod-product-compliance
Lightning Source LLC
Chambersburg PA
CBHW072159090426
42740CB00012B/2320